停也喜欢
行也喜欢

————吴淡如

图书在版编目（CIP）数据

台湾旅本 / 颜默著；番外编辑部编. — 广州：广东旅游出版社，2020.8（2023.5重印）

ISBN 978-7-5570-1825-2

Ⅰ. ①台… Ⅱ. ①颜… ②番… Ⅲ. ①旅游指南—台湾 Ⅳ. ①K928.958

中国版本图书馆CIP数据核字(2019)第084851号

番外·旅本

总 策 划：刘志松
执行策划：张晶晶　方银萍
责任编辑：方银萍
图片来源：谭伟怡　陈振弘　陈文杰　陈咏嫒　摄图网
手绘插画：Hayako
装帧设计：谭敏仪
责任校对：李瑞苑
责任技编：冼志良

＊ 本书地图仅用于景点示意

台湾旅本 Taiwan Lüben
广东旅游出版社出版发行
（广州市荔湾区沙面北街71号首层、二层）
邮购电话：020-87348243
深圳市希望印务有限公司印刷
（深圳市龙岗区坪地街道怡心社区吉祥二路13号厂房B栋）
787毫米×1092毫米　32开　6印张　171千字
2020年8月第1版　2023年5月第2次印刷
定价：49.80元

版权所有　侵权必究
本书如果有错页倒装等质量问题，请直接与印刷厂联系换书

台湾旅本

颜默 / 著
番外编辑部 / 编

广东旅游出版社
悦读书·悦旅行·悦享人生
中国·广州

番外·小引 / 雕刻旅行时光

人生是一部大书,日常生活则是正文。

仅仅沉溺于、执着于生活正文的进退兴废,跌宕起伏,生活职业化,算不上丰盛人生。

正文之外,还有番外。

旅行,算是人生番外的一种,生活的他方。

因此,圣·奥古斯丁在其蜚声于世的人生总结《忏悔录》中说:"世界是一本书,不旅行的人只看到其中的一页。"

的确,仰观宇宙之大,俯察品类之盛,乐山乐水,游目骋怀,旅行,穿越人山人海,翻越世界很多面,足以拓宽人生的宽度。

但是,并非理所当然地一定能延展生命的长度和提升生命的纯度。

旅行有如读书,虽万卷阅遍然不知"破",亦囫囵吞下仙人果,不解其味,二师兄是也。

旅行不二,不能走马观花,浮光掠影,换个地方吃饭,换个城市走路,上车睡觉,停车撒尿,下车拍照,回来啥也不知道。今天,国人已经告别了赶鸭子上架的打卡时代,旅行升级到了3.0,目的地从省内到国内再到国外;装备从walkman到iPad,从数码相机到单反;方式从跟团游、半自助到全自助……

越来越多的人在追求有价值的旅行。

但生活正文之外,要真正写好旅行番外这篇文章,做好罗杰斯所说的人生最有价值的投资,如卡尔维诺所说"为了回到你的过去或找寻你的未来而旅行",升级还远远不够,还需要改变更多。

因为,说到底,所有人的旅行,从本质上说,都是想通过空间的位移来赋予时间新的意思,把时间活成更好的时光,让时间散发出日常生活之外诗意的光芒和别处的智慧。

他不可辜负。

他需要优游,需要深入其里,反复求索和玩味,方得其中三

昧和味外之旨，从悦目、悦心到悦神。"星河尽涵泳，俯仰迷下上"，真正的旅行者都是涵泳者。

他需要踏着下雪的北京，品尝夜的巴黎，拥抱热情的塔希提，湄公河上有邂逅……

他需要搜集地图上的每一次风和日丽，用心挑选和寄出纪念品，路过纽约地铁里湿漉漉的表情，错过布拉格广场上最后一道班车，见证世界上最危险的厕所和最美丽的天空……

他需要一段午后的时光、雨中的跫音、一次森林的迷失、青草更青处的漫溯……

他需要一本书、一支笔、一页纸、一杯摩卡，他需要揣摩、吟咏、记录、描绘……

没错，他需要路上有谦卑，"keep hungry, keep foolish"。

而这，就是我们所提倡的、所致求的，就是我们的"番外"精神。

番外，是我们致力打造的一个旅行品牌，只为最有价值的旅行而生。今天，当你读到这段话时，事实上，已经进入了我们的番外·旅本。番外·旅本，是一种图书和笔记本融合的跨界产品，既是一种精雕细刻的价值读物，也是一种用以记绘，可以反复使用的环保记事本。总之，它是一种可以改变旅行态度和旅行方式的文创产品，提倡从脚下旅行、眼睛旅行、相机旅行到笔下旅行、走心旅行、创新旅行（"试图用能给世界一些新意的眼光来看世界"——凯鲁亚克），打造属于自己旅游传承的博物馆。

番外·旅本，雕刻旅行时光，不辜负每段旅程。

时间因雕刻而精致，岁月因记录而传承。

番外·旅本，欲承载人生更多的热爱和梦想。

这，真需要你我一同来完成。

刘志松

目录 CONTENTS

台湾。博物馆 / 001

台湾简史 / 002
这里是台湾 / 005
- 日夜:三种印象 / 006
- 人心:慢慢来 / 010
- 风景:又人文,又自然 / 012
- 日常:一点随性,一点文艺 / 015
- 社区:蛙声与彩虹 / 018
- 信仰:香火迷离绕境行 / 023
- 书店:人文亦温情 / 026

台湾旅行TOP15 / 029

- NO.1 台北故宫博物院,"朕知道了" / 030
- NO.2 漫步"台北后花园" / 034
- NO.3 在淡水渔村看夕阳 / 039

NO.4 此地有温泉 / 043

NO.5 搭最美台铁支线平溪线 / 048

NO.6 在最美大学东海大学散步 / 056

NO.7 去清境农场喂羊 / 060

NO.8 抽签去台湾最高峰 / 064

NO.9 到台南,先清空你的胃 / 068

NO.10 垦丁,最南角的公路大片 / 072

NO.11 遗世独立有兰屿 / 076

NO.12 花东纵谷,一场视觉大餐 / 079

NO.13 太鲁阁,台湾最美公园 / 082

NO.14 九份:天空之城 VS 悲情城市 / 089

NO.15 澎湖:阳光,沙滩,仙人掌 / 093

资讯。微焦距 / 099

美食侦探社 / 100

夜市分布地图 / 105

北部地区 / 106

东部地区 / 107

南部地区 / 108

中部地区 / 109

伴手礼清单 / 110

台湾旅行线 / 111

全境7日游 / 112

15日环台之旅 / 113

台北及东部7日游 / 114

西海岸10日游 / 115

台11线 / 116

台9线 / 117

台湾视听盛宴 / 120

书 / 121

影 / 122

音 / 123

城市。丈量指南 / 125

台北市 / 126

新北市 / 130

基隆市 / 133

桃园市 / 137

新竹市 / 138

新竹县 / 141

苗栗县 / 143

台中市 / 147

彰化县 / 151

南投县 / 154

云林县 / 157

嘉义县 / 159

台南市 / 161

高雄市 / 167

屏东县 / 170

台东县 / 172

花莲县 / 174

宜兰县 / 176

澎湖县 / 179

* 特别说明：旅本系列为旅行视角，不一定包括全部行政区域。

台湾°
博物馆

台湾简史

台湾作家杨渡曾说,台湾40年,完成了欧洲400多年的社会转型。在小说《一百年漂泊》里,他描述祖先于晚清时从唐山逃难到台湾,定居台中乌日乡村,五代人的过程中台湾经历了日据、光复、戒严、解严与当下,从农业社会转型到工业社会的剧烈变化。但剧变的台湾也总有些不变,比如普通百姓的心灵寄托仍是农耕时代渡海同来的神明——妈祖。

这是台湾,如同时代的缩影,当我们前去这里,或许能从中看到自身,照见自己的影子。

考古所知台湾最古老的文化是3万年前的台东长滨文化,但因为台湾少数民族部落多元且复杂(现今认证的部落有10多个),考古证据尚不能认定此文化究竟是哪一个部落留下的。

在台湾本岛被纳入清朝版图之前,这个岛屿有数以百计的少数民族部落林立。可以说,台湾少数民族文化构成了台湾文化的重要部分,也是如今台湾不遗余力宣传保护的点。不管是电影还是旅游景点,总能发现台湾少数民族的身影。

15至16世纪,欧洲国家开始对外扩张,世界进入大航海

时代。台湾所在的位置使其开始进入国际视野。荷兰侵占台湾,影响力遍及整个台湾西部,并兴建了欧式建筑普罗民遮城(红毛城)和规模宏大的城堡热兰遮城。

明清交替之际,移民潮掀起高峰。移民的进入不仅让台湾农业得到发展,也将中国大陆的饮食文化、宗教信仰引入台湾。如今台湾的众多小吃以及台湾普遍信仰的妈祖,其根源都在大陆的东南沿海一带。

1661年4月,郑成功率两万五千名将士及数百艘战舰进军台湾,连续攻下普罗民遮城(今台南赤嵌楼)和热兰遮城(现安平古堡),迫使荷兰在1662年2月1日投降。此后,郑成功祖孙三世始终以"大明延平王"的郡王爵位统治台湾。

1683年,清军将领施琅率军攻台,台湾纳入清朝版图。

第一次鸦片战争(1840—1842年)以后,欧洲殖民主义势力再次对中国虎视眈眈。第二次鸦片战争后,清政府不得不同意开放台湾部分港口进行通商,这成为台湾走向国际贸易的开始。此后,台湾的对外贸易相当活跃,城市纷纷兴起。同时也产生少数民族东移、客家人地位上升的现象,西方宗教也由此开始传播。

1885年,清政府决定在台湾设立行省,初步奠定了现在的行政区划。台湾成为当时清朝近代化程度最高的省份,不仅于1891年有了中国第一条官办客运铁路(基隆—新竹),台北城的街头也亮起了路灯。

然而,中日甲午战争(1894—1895年)中国战败,台湾和澎湖的主权被割让给了日本。

直到1945年,日本在台湾的殖民统治才宣告结束。如今去台湾旅行,从北投的日式温泉设施,到日本人参与修建的太鲁阁公路,再到日本饮食文化风行至今等等,我们依然可以看到台湾方方面面都留有那个时代的印迹。

1949年,中华人民共和国成立,国民党撤退至台湾,实行戒严。

20世纪80年代,台湾当局开始解除戒严,实行民主化改革。

台湾现代化进程的悲欢离合,如今也正在很多地方轰轰烈烈上演着。许多人前往台湾旅行的理由,也许正是期望看到有一天,当进入后工业化时代之后,我们也能感受到更多的不慌不忙,追寻属于自己的"小确幸"。

但不管怎样,就如同开头杨渡那本书中所写,经历殖民、战乱、政权更替、农业社会向工业社会再向商业社会的转型之后,前往台湾旅行,从其历史文化遗迹以及民众的生活状态中,我们看到的不仅仅是这个岛的故事,更是中国的故事。

这里是台湾

日夜：

三种印象

在真正踏上台湾之前,我们早已对这片土地有了诸多影像化的认知。白先勇《台北人》、罗大佑《忠孝东路走两遍》、杨德昌《牯岭街少年杀人事件》、偶像剧《流星花园》、周杰伦的歌……台湾偶像剧、文艺片、流行音乐、文学作品,伴随了大陆至少三代人的成长。发达的城市与文化,构成我们对台湾的最初想象。

不过,从降落桃园机场开始,你多半会有一种时光穿越之感。北京首都机场、浦东机场等国内一线城市的哪个机场,似乎都比眼前的桃园机场要来得明亮和宽敞。出机场坐上车,直至看到台湾的最核心城市台北,你很可能觉得什么都"旧",完全出乎我们对国际大都市的预期。

从这里,你将开始你的台湾之旅。给你留下深刻印象的,有可能便是你赴台的第一件事:选一间民宿。

民宿与其说是酒店,更像是旅途中一个临时的家。在台湾住民宿,更像是在主人家做客,不存在入住酒店的众多程序化手续,人与人之间有着家庭成员般的交流与分享。

经营民宿的台湾人也并不完全把它当作赚钱的手段,而更像是一种生活方式,传递着主人对自己生活的土地的感情。从北到南,从城市到郊

野海边,从中部山脉到少数民族的不同风俗,差异化的风景为台湾民宿的风格提供了得天独厚的土壤。

所以你很有可能会惊讶地发现,台湾民宿的风格从西方巴洛克到中国闽南厝,室内装修更是五花八门,无奇不有。你能在各种稀奇古怪的地方发现民宿,比如在海岸、在山巅、在峡谷深处,它们有的可能是一间木屋,有的可能是欧洲城堡,有的则可能就跟自己的家并无二致……民宿主人身份各异,可能是身价不菲的商人,可能是知名大学教授,或是隐居山林的工程师、追求自由的年轻人……他们的梦想融入在他们营造的氛围之中,他们的故事等待你的挖掘,他们端出的私房料理,很有可能会让你大吃一惊。

在民宿安顿下来后,接下来你应该去寻找夜市了。看懂台湾这个移民社会,最好的去处不是高楼大厦,不是百货商场,而是隐藏在拥挤街巷中的市井生活。

夜市是台湾的一道风景线。来自不同地方的移民,各种美食汇聚,在台湾观光业尚未蓬勃发展的时候,台湾的夜市就遍布南北。目前台湾夜市大约有300多个分布在不同的城市,除去令人眼花缭乱的台湾小吃,夜市也卖商品,还有一些小游戏供娱乐。这成为台湾人生活一部分的夜文化,似乎带我们回到童年时的游园会,以及街边的大排档。

台湾夜市至少有200年历史。悠久的发展历史,各地移民的会聚,让夜市文化得以蓬勃发展,单是小吃就形成了独具特色的文化。台湾夜市中的小吃虽然和大陆能吃到的并无太大差异,但贵在又多又全,如同大熔炉一般。美食作家叶怡兰曾在一本书中写道:"小吃的'小'这个字,包含了分量上的小、少,形式上的简约、单纯,动作上的快速、轻捷,价格上的平易、廉美,气氛上的亲切、随性……台湾小吃之美、之独特动人处,单单这两字里,尽已囊括。"

除去小吃物美价廉,最重要的是,在这种车声、人声、小贩吆喝声交杂,看似乱糟糟的空间里,人们得以感受到不同于必须穿戴整齐才能逛商场,而是穿着人字拖自在闲逛,看到什么吃什么,不需要事先规划的乐趣。

除去应有尽有、令人眼花缭乱的小吃,夜市还有各种衣服饰品,虽不如大商场那么精美,但乐在花小钱买新鲜。这种

属于大众释放白天压力、获得自由的方式,才是夜市会聚人气,长盛不衰的原因所在。

如今台湾大力推行"观光夜市",形成了几乎县县有夜市的局面。所以,来台湾逛夜市,其实没必要非去著名的几个夜市不可,也没必要事先做功课,不妨到了再视情况决定吃什么、买什么,容许自己耽迷于夜市里人潮的力量、商品的泛滥,以及过多的兴奋中,这才是体会夜市精髓之所在。

夜市过后,第二天起来,你不妨在附近寻找一座庙宇,在"拜拜"中形成对台湾的"第三种印象"。

拜拜是深植于台湾民间的习俗与信仰。台湾的宫庙数量和密度,在世界上相当罕见,平均每万人可分配到6.5座,若加上未登记的宫庙与私人神坛,数字还会更多。

台湾民间信仰人口更是占半数以上。有趣的是,台湾的民间信仰风格颇为本土化,糅合中国古代儒、释、道三教,也包含祭祖、巫术、鬼神和其他神灵、动物等泛灵崇拜。这在大陆地区很难想象。祭祀活动也随时代发展推陈出新,庙宇设脸书、粉丝团,祭祀活动更是一年四季不曾中断,超过半数的台湾人在"新年头旧年尾"会进行拜拜祭神活动。

所以,若欲发现台湾,不妨从民宿开始,从走进夜市开始,从每天早晨经过老街口时那些热腾腾的早点摊开始。不论是白天街边有如烟雾缭绕的庙宇,还是晚上人头攒动的夜市,台湾的街道拥挤但不脏乱,你会发现,台湾的繁华,是接地气的热闹,是传统的延续。

人心：
慢慢来

在台湾，你经常能从台湾人那里听到一个词：慢慢来。

一个拥有国际化大都市标签的地方要与"慢"搭上关系，似乎并不符合逻辑。"慢"并不是懒散低效，而是生活在这里的人，似乎并不那么着急。他们有的是"慢慢来"的心态。这渗透到城市的面貌中，就是没有簇新的高楼大厦。街道拥挤，但大家按部就班，一切井然有序；可以花很少的钱，在路边吃得很舒服；可以在哪怕很偏远的地方，喝上好咖啡，碰到有意思的返乡青年。相比赚钱，这里的人更偏重生活质量，或者就是那个词：小确幸。

当然，台湾社会这种风气，并非一蹴而就，在流行"小确幸"口号之前，台湾人一度拼劲十足，那时流行的口号是"爱拼才能赢"。

20世纪90年代台湾经济达到巅峰之时,一度外汇总量居世界第二。那时台湾整个社会都在打拼,商人们拼世界市场订货,政客们拼选票,报业拼发行量,老百姓拼股票……喷发期的台湾,如罗大佑歌中所唱:每年吃掉一条高速公路。台北人口100万,有500万辆小汽车,XO销量全球第一……台湾在欧美国家眼里,是个彻头彻尾的金钱社会,功利、短视、及时行乐。

台湾人开始形成现在的观念,那是2000年之后的事。经济放缓,社会结构趋于稳定,让许多人开始拾起金钱买不到的东西。也是从那时候开始,社会组织、慈善事业、社会运动开始发展。在廖信忠回应韩寒的一篇台湾游记的文章中,他指出,一些大陆游客所认为的台湾人素质高,"是一个社会发展到一定文明高度后,都会有的现代社会的特征"。

台湾人的性格与心态究竟是如何形成的,这并不是三言两语能说清的问题。但必须承认,在台湾自由行,旅游服务十分体贴完善,几乎所到城市和景区都有信息服务中心,免费提供旅游地图及吃、住、行、游、购相关资讯,接待人员耐心解答你的问题。在台湾旅行,很多时候反倒是一种回家的感觉。

所以,有人说,台湾最美的风景是人,这句话,不妨留给旅行的人边走边看边思考。台湾有时候像是一面镜子,看见他们,也照见我们自身。

风景:
又人文,又自然

台湾岛并不大,这个大约3.6万平方公里的岛屿,比海南大一点,比福建小一些。台湾岛小,风景却并不单调,相反它带来的,是在短时间内体验到自然风光与城市人文交相辉映的精彩旅程。

比如在台北,你可以白天在台北故宫博物院看文物,去咖啡馆发呆,去书店买书,晚上去101大楼看夜景,逛完百货商场,顺道去夜市路边摊大快朵颐。

第二天,你就能到野柳地质公园观赏地质奇观,在碧海蓝天下拍照;你也能到阳明山,爬上最高峰七星山,在小油坑观赏火山口喷硫磺烟,或到绢丝瀑布观看这里的水怎么像细致的绢丝一样潺潺流下。

你也能到九份还原侯孝贤《悲情城市》、宫崎骏《千与千寻》的场景。别忘了去北投泡个温泉,过后继续你的台湾之旅。

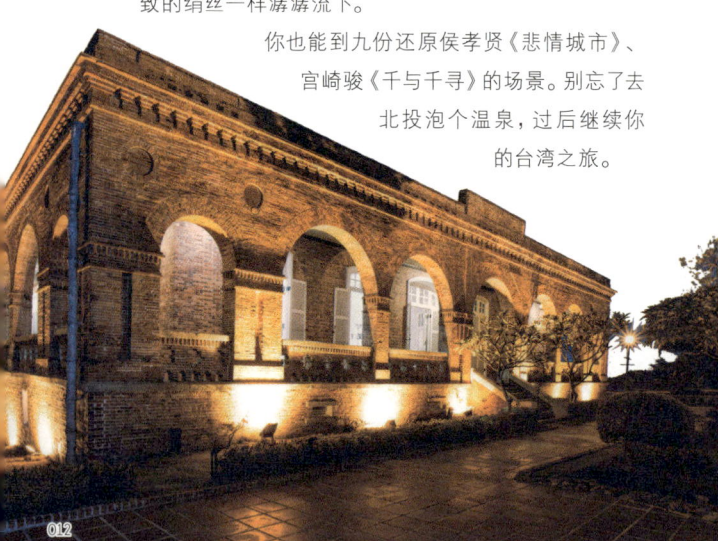

　　从台北到台南,台湾主要城市的风景与个性各不相同。中央山脉适合徒步,东部地区则有着广阔的自然风光。而即使到了全境之南垦丁,也依然有着丰富多元的旅游资源。这里有蓝天白云、细沙大海,也有着超然世外的僻静古城。你可以在恒春古镇骑着单车探访《海角七号》电影中出现过的那些场景:城中阿嘉的家、恒春邮局、恒春老街……你也可以骑着电动车一路狂飙过最南点,在清晨抵达太平洋边一望无际的龙磐草原;你更可以在船帆石看海,在后壁湖潜水,夕阳西下去垦丁牧场漫步,晚上则去熙熙攘攘的垦丁大街寻觅小吃……

而从台北出发,到达垦丁,不过5小时。台铁、高铁构成了环岛一周的铁路网络。台湾高铁于2007年通车,从台北南至高雄(新左营),只需要1.5小时。且这两站都是四站合一的综合枢纽,可以轻松完成高铁、台铁、捷运、民航、巴士的换乘。

说到台铁,它不仅仅是一种交通方式,更是历史变革、社会人文的见证。台湾修建环绕全岛的铁路系统可追溯到清朝,台铁多条支线,比如平溪线,已经成为热门旅游线路。搭上慢速的台铁列车仿佛踏上时光之旅,路经的富有人情味的小车站,散发着浓浓的古意和浪漫。

密集多元的景观、便利的出行,来台湾旅游,并不需要做太多的攻略,走走停停,欣于所遇,不做太多预设,反倒是更好的方法。

日常：
一点随性，一点文艺

　　一说到台湾，往往脑海里浮现的便是"文艺""小确幸"等词。这并非空穴来风，"文艺"也不只是一个虚词，它体现在台湾人的日常生活中。

　　来台湾旅行，需要一点点日常精神。到达台北，热闹的西门町有许多整洁的小旅馆。打开房门，把行李往床上一丢，就可以赶着最后一道阳光之约，寻觅一家咖啡馆，不是装小资，而是感受台湾人的日常生活方式。此刻咖啡馆所承载的文化变迁，都浓缩在你眼前的杯中。就让我们来一次咖啡馆的穿越之旅吧！

　　不妨先挑一家日式咖啡馆，感受台湾咖啡文化的源头。要知20世纪30年代起，咖啡馆在台湾屈指可数，却在文艺界扮演着重要角色。啜饮一口咖啡，恍然置身于同时代的巴黎，你的对面有可能坐着白先勇、陈映真，而周梦蝶正在咖啡馆里卖书。

　　时间往前推移，接下来该换一家欧式咖啡馆了。仿路易十六风格的古典木质桌椅、木质饰品、典雅吊灯、虹吸式冲煮咖啡……你不禁看了看自己随意的装束，觉得有点格格不入。的确如此，20世纪六七十年代，这些咖啡馆刚兴起时，是中产阶级约会、聚会的时尚选择。他们在意的不是咖啡本身，而是环境以及喝咖啡行为带来的阶层属性。

别尴尬,接下来路上记得数一数沿途看到的星巴克、提供现煮咖啡的便利店的数量,你可能会为这个数字感到惊讶。20世纪80年代,随着星巴克入驻台湾,以及便利商店开始提供物美价廉的现磨咖啡,咖啡复兴运动开始席卷台湾。咖啡文化从小众精英文化,蜕变为普罗大众的平民文化。

如今,你大可以穿着人字拖大摇大摆走进任何一家咖啡馆,这里已经不是知识分子交流思想、谈论时政的公共空间,也不是中产阶级炫耀自己的华丽场所,而是喝一杯咖啡,读一本书,消磨一整个下午时光的去处。

喝完咖啡之后,不要着急走。下一步融入台湾人日常生活的,是看演出。

记得去一趟中正纪念堂。纪念堂主体庄严肃穆,然而堂前广场两侧设有剧院和音乐厅,广场上还时常举办公益活动、民间义演。转到广场的角落,则另有一片天地,那里是年轻人的聚集地,跳街舞、拼滑轮……

不要错过台湾的周末。只要赶得巧,Live house加音乐节三天看十来个团不是梦。除此之外,台湾大学校园迎新和毕业季之重要活动便是校园演唱会,这项拥有长久传统的活动会邀请一些歌星参加,虽说通常是二三线艺人,但有些名气大的学校也依然存在大牌艺人出场的可能,校园演唱会通常不收门票。

以上这些,对大陆乐迷来说,可能有点难以想象。某些心爱的乐团长达数年难见真容,而在台湾,没准去看现场的时候,毫无预警地就能捕捉到他们就坐在你隔壁。而当你为一次大陆巡演节衣缩食买票时,没准你会在参观台湾某大学时,竟撞上TA的免费演出。

所以,真"文艺青年"去台湾,请把探咖啡馆、看演出列入日程,因为这不是作秀,是感受当地人生活的最好方式之一。

社区：
蛙声与彩虹

从日月潭驱车15分钟,游客逐渐减少,仿佛突然进入青蛙的世界。青蛙的雕塑和图案无处不在,入住村中民宿,夜晚真如辛弃疾词所写:听取蛙声一片。

至天明,民宿主人告知我们,这个名叫桃米村的地方,拥有台湾29种原生青蛙中的23种。

事实上,村子成为"青蛙共和国",是台湾"9·21"大地震(20世纪末台湾最大的地震,发生于1999年9月21日凌晨1:47:12:6)之后的事。在那之前,村民从不觉得青蛙是多稀罕的物种。

如同任何一个乡村一样,当时的桃米村面临着劳动力流失、农业日益凋敝的问题,地震更是让当地经济雪上加霜。为了重建,村民集思广益,发掘出青蛙这一独特的生态资源,才有了今天的昆虫生态文化体验休闲区。

随着蛙声阵阵的诗意而来的,是天南地北的旅行客。而进入这个世外桃源后,当然要选择入住民宿这种更能体验民俗的方式了。民宿主人便是当地村民,他们将自己的家改造成民宿,并且可能有了一个新的身份:义务讲解员。

在台湾,对于在地文化的保护,除去个人的努力,还有地方政府、企业的介入。20世纪90年代,

招呼站
彩虹村
彩虹爺爺

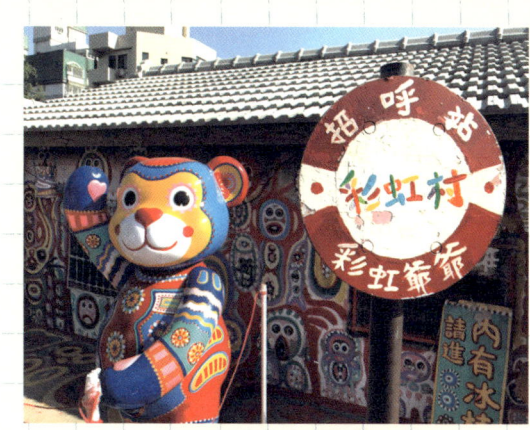

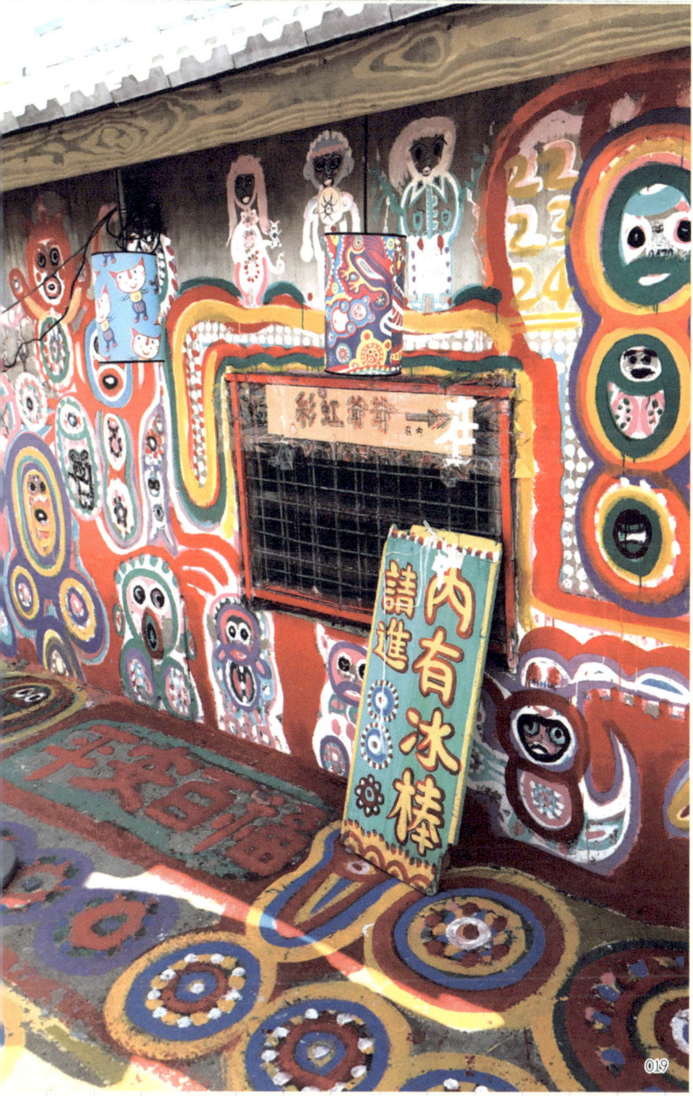
彩虹爺爺
請進
內有冰棒

台湾模仿日本的"造町运动"推出社区营造政策，激发地方利用当地现有资源，发挥想象力，进行文化的保护与再造。因此在台湾许多地方，你可以看到很多由老建筑改造而成的新的艺术园区。

走到彩虹眷村村口，感觉如同进入童话世界。数十米长的巷道，地上用油漆涂成了红底，上面用白、黄等色勾勒出小鸟、小鸡和兔子等造型，墙上则分区块时而以蓝色为背景，时而以白色或黄色为背景，画了数百个卡通造型的猴子、猫和孩童。

很难想象，这些在大地上作画、充满童趣的作品出自一位耄耋老人之手，而他就住在台中这片已经陈旧的村落中。"彩虹爷爷"年轻时当过飞行员，后来因为负伤，独自居住在眷村。百无聊赖之中，在86岁的一天，他突发奇想：不如重拾自己年轻时的绘画爱好，给晚年找点乐子。

最初，他只是在自家的屋里屋外用画笔描绘心事，打发

时光。彩虹、花朵、动物、名人肖像……密密麻麻、俏皮可爱的画作逐渐点亮了他的房屋,不少邻居为他充满童真的画所吸引,也邀请他去作画。就这样,他用自己手中的画笔,在眷村老旧的房屋和街道上勾勒出一个色彩斑斓的童话世界。

所谓眷村,是20世纪40—60年代台湾当局为了安排来自五湖四海的军队眷属所兴建的房舍。它们成片分布,多数在20世纪60年代之后逐渐凋敝,成了类似城中村般的存在。但许多眷村没有被简单粗暴地拆除,而是摇身一变,成了"旅游景点"。如"彩虹爷爷"所在的村子,因他的画得名"彩虹眷村",每年吸引着众多游客前来游览。

在台中,走完如童话世界般的彩虹眷村,顺带还可以去"医院"逛吃逛吃。1927年,日本人宫原武熊兴建了宫原眼科医院,大概连这位宫原武熊也没想到,90多年后的今天,他的医院并没有因成为危楼而被拆除,而是为一家集团所重新改

造,竟成为卖土凤梨酥的知名旅游景点。

而若路经台北,你是否会知道台北公馆附近的矮房区里也藏着"宝藏"?在原有居民迁移之后,这片矮房区成了艺术家驻村的"宝藏岩"。在马不停蹄地密集看过诸多打卡景点之后,这里最适合花一个下午,漫无目的地穿行在小巷,最后在夕阳之下找一家小咖啡馆独自啜饮一杯咖啡。

游览台湾,你的确需要几个这样的时刻,如同这些老房子一样,不紧不慢。通过这些记忆的载体,慢行静赏,于慎独之中找到与过去时光的连接之所在。

信仰：
香火迷离绕境行

  大陆庙宇多藏于名山之中，不见于城市街头，寺庙看起来庭院深深，是清修之地。台湾的庙宇大不相同。三步一宫五步一庙，可谓台湾街头真实写照，那里终年烟雾袅袅，缭绕着焚香祭拜的香气。

  台湾人管祭祀叫"拜拜"，而"香"就是人与上天、与祖先沟通的媒介，"有烧香，有保庇"。

  庙里供奉的神明，就更是八仙过海，各显神通。作为移民社会，举凡玉皇大帝、观世音菩萨等汉人信仰的神祇，也多跨海来台，并在当地发展。

  台湾还可以看到一些特色庙宇，如祭拜韩愈的屏东内埔昌黎祠、奉祀朱熹的嘉义北港朱子

公庙等。什么时候拜什么神,有着严格又世俗化的程序,参加考试的考生拜文昌帝君,供品各有其意涵:芹菜(勤)、水(文思泉涌)、萝卜(好彩头)、葱(聪明)、粽子(高中)、蒜(会算)……

妈祖更是台湾普遍的民间信仰之一。台湾早期移民多来自闽南地区,由此带来了妈祖信仰。妈祖庙在台湾有510座之多,仅次于土地公,是全台第二多的庙宇。妈祖早已不仅仅是渔民的守护神,其祭礼规仪、民间传说与节庆习俗等人文活动,成为台湾重要的文化代表之一。

"三月疯妈祖"是台湾最知名、最具代表性的民俗活动,尤其每年4月台中大甲镇澜宫的绕境,更是国际公认的世界三大宗教活动之一。镇澜宫始建于清朝雍正八年(1730年),每年最盛大的活动便是在农历三月的妈祖诞辰活动。绕境进香也有百年历史,早期终点是云林北港朝天宫,如今改为嘉义新港奉天宫,活动持续八天七夜,在经过一系列典礼如请示妈祖起轿时间、竖头旗,祈安典礼后恭请正炉妈、湄洲妈和副炉妈等三尊妈祖与千里眼将军、顺风耳将军一同登上銮轿内之后,绕境进香大军从镇澜宫出发,跨越

台中、彰化、云林、嘉义,经过21个乡镇市区,总共徒步达330公里。

整个活动期间,你可以看到几万信众大军,有些徒步,有些骑车、开车,整个队伍不眠不休持续前进,而沿途则有虔诚的信徒提供各式各样的饮食供队伍免费食用。

如果你赶在此时来台湾旅行,别错过这场声势浩大的绕境活动,不仅能体会台湾人高涨的民间信仰热情,也是一次别开生面的穷游之旅。参加绕境活动不一定要走完全程,可按心意或自己的时间灵活安排。但如果确定参加,活动有饮食(比如什么时候需要吃素)等规定,请问问并遵守。

如果没有太多时间,在旅行的途中,也可随意造访当地任何一座庙宇。带着最虔诚的心去寺庙走走,学着最地道的方式拜拜,是感受台湾人令人眼花缭乱又融入日常生活的民间信仰的最好方法。

台湾的寺庙有各自的拜拜和祈祷方法,庙内经常会有很多虔诚的信徒义工,如果不懂具体的规仪他们会告诉你。如果没有宗教信仰,简单双手合十,也是表示尊重的方式。

高雄佛光山

书店：
人文亦温情

漫步在以书店群闻名的台北"温罗汀"，看似不起眼的街道小巷、地下二楼隐藏着众多书店。

"温罗汀"指台大附近温州街、罗斯福路、汀州路，这里依托邻近台湾大学、台湾师范大学、政治大学、世新大学的绝佳位置，方圆不到1公里范围内，共有三四十家不同主题的独立书店，是目前华语世界书店密度最高的区域。

这里不仅有诚品书店，也有专营外文书、二手书的书店，有全台湾第一家女性专业书店——1994年成立的女书店，由一群妇女运动工作者、关心性别平等议题的女人男人们共同催生而成。女书店于1996年开始涉足出版业，到今天已成为宣传女性成长的重要阵地。此外还有2012年被美国 *Flavorwire* 选入"全球最美20家书店"的好样本事，入选理由是"既实用又充满怀旧的优雅，我们理想之船的船舱长得就像这样"。

独立书店也并不仅仅出现在台北。据统计，全台湾大概有400多家小书店。这得益于台湾当局对独立书店的支持，首先，台湾对书的价格有严格规定，打六七折属恶意竞争。2013年台湾成立独立书店文化协会，旨在发扬台湾各地独立书店存在的社会意识与文化价值。独立书店若有经

营困难,向相关政府部门列出具体的营运计划便有机会申请补助资金。同时,台湾不断出版如《台湾书店地图》《二手书店旅行》等地图指南,将"独立书店"推动成为有识别性的岛屿标签。

台湾独立书店的发展,离不开台湾社会自20世纪70年代以来的经济腾飞。当中产阶级开始成为社会中坚力量,"多元化"成为他们的精神诉求。物质生活的极大丰富也促使他们寻找精神归宿,用富有格调的文化消费行为彰显自己的社会身份。

最为我们所知的诚品书店,正诞生在这样的社会背景中。步入任意一家诚品书店,都会被其富有格调的装修、偏人文艺术的选书、艺术性的陈列、优雅宁静的氛围吸引。这里不仅卖书,更倡导精神生活方式,创办人吴清友正是践行这一生活方式的人。

原本经营观光酒店餐厨设备事业的吴清友,在经历了一次大手术之后,对自己早先只忙于赚钱的生活方式产生了怀疑:"我拥有的财富和我的努力不成正比,我没有拥有这些财富的正当性。"在读了史怀哲的《文明的哲学》之后,1989年,台北仁爱路圆环出现了他创办的第一家诚品书店,由此定义了当今两岸独立书店的经营模式——综合性文化创意空间。

可以说,包括诚品书店在内,台湾的独立书店都充满了老板的个性和态度。2014年侯季然拍摄的纪录片《书店里的影像诗》里曾说,走进这400家独立书店,就走进了台湾400间人文风景。在这个小小岛屿上,它们是人文精神的传承,更是人情味的体现。

台北故宫博物院，"朕知道了"

说起台北故宫博物院，大概会有几个关键词：翠玉白菜、"肉形石"吊坠，"朕知道了"胶带……

据说台北故宫博物院推出"朕知道了"后，这款售价200台币（约合40.9元人民币）的胶带第二天就卖出500盒。"朕知道了"来自康熙的手书，按照台北故宫博物院的说法，这4个字脱胎于"朕安"和"知道了"的合成，而这两句批语则是从15.8万多件宫中密档朱批中遴选出来的，不仅时尚，也让大家对康熙产生"可爱"的印象。

创意又实用，和当下清宫戏巧妙贴合，台北故宫博物院堪称文创界的挖掘机。而这风靡两岸的"朕知道了"胶带，其实只是台北故宫博物院2400多种文化创意产品的其中之一。台北故宫博物院甚至专设艺术基金，亲自为文创产品的出炉保驾护航。

凭借强大的文创产品设计能力和行销宣传能力，这里已成为所有前往台湾的游客必经的一站。旅行旺季，常常能看到人们排着长队，只为看一眼镇馆之宝翠玉白菜，以及买一把"翠玉白菜"雨伞。

台北故宫博物院于1965年夏落成，仿造中国传统宫殿式建筑，主体建筑共4层，白墙绿瓦，正院呈梅花形。据统计，馆内现有藏品696344件，原为北京故宫、沈阳故宫、避暑山庄、颐和园、静宜园和国子监等处的皇家旧藏，是国民党败退台湾时挑选携带而来。

如果我们对比一下北京故宫，会发现北京故宫藏品1807558件，其中珍贵文物1684490件，所以，请首先打消"北京故宫的好东西都被带到了台湾"这一念头，事实上，这种对比没有太大意义，毕竟两个"故宫"所代表的，都是璀璨的中华文明，并不可分割。

当然,值得一看的东西依然很多,其中最著名的当数三个镇馆之宝。

翠玉白菜并非一件年代非常久远的文物,它原来放置于紫禁城永和宫——光绪皇帝妃子瑾妃的寝宫,据说是瑾妃的嫁妆。其珍贵之处在于它的精美和美好的寓意,翠玉白菜与真实白菜相似度几乎为百分之百,菜叶上停留的两只昆虫,寓意多子多孙的螽斯和蝗虫,再加上"白菜"音同"百财",引得大家都来沾点好彩头。

东坡肉石高5.73厘米,宽6.6厘米,其神奇就在于完全天然形成,未经雕刻,却栩栩如生,仿若一块出锅不久的东坡肉,肉质层次分明,似乎连毛孔都能看见……

毛公鼎应算这三件镇馆之宝中货真价实的文物,这是西周晚期的青铜器,因作器者毛公——也就是周宣王的叔公而得名。毛公鼎内壁铸有铭文,近500字,是现存青铜器铭文中

翠玉白菜

最长的一篇,内容叙事完整,是研究西周晚年政治史的重要史料,观赏时别忘了细看。

除去这三大镇馆之宝,书画也很值得一看。因为携带方便,当年被带至台北的书画精品比较多。台北故宫博物院书画藏品共计约9120件,以元朝为划分点,著名作品如郭熙《早春图》、范宽《溪山行旅图》、黄公望《富春山居图》、苏轼《寒食帖》等,图书以宋元明清版本较多,如文渊阁《四库全书》等,都是特色所在。

其他展厅大体按照不同的器件分开展览,博物院常维持有5000件左右书画、文物展出,定期或不定期举办特展,馆内展品每三个月更换一次。

看综合性博物馆,切记不要走马观花。顺着展厅、展台慢慢前行,看到心仪的东西停下脚步,从各个角度欣赏,可以拉近我们与文物所承载历史的距离。

当然,离开的时候,别忘了买几件台北故宫博物院的文创产品,相信你的亲朋好友会喜欢。

毛公鼎

Tips

📍 **地址**:台北市士林区至善路二段221号。

🎫 **门票**:留意官方调价信息。

🕐 **开放时间**:8:30—19:30,周五、周六夜间开放18:30—21:00,全年无休。

🚇 **交通**:捷运淡水信义线至士林站下车,1号口出站后,至中正路转乘红30在故宫博物院门口下车,或转乘255、304、815等多趟公交车在本院正面广场前下车。

漫步"台北后花园"

搭捷运(即地铁,台湾用语)出台北这个大都市没多久,坐上108路小巴车上阳明山,没过多久,一股刺鼻的硫磺味扑面而来。此时下得车来,没了高楼大厦来车往,一处巨大的凹陷,仿佛彗星撞击地球撕开一个大口,当中正冒着白烟。黄色硫磺结晶散落四处,与周围的芦苇丛形成鲜明对比的是,凹陷四周寸草不生。

这个叫作小油坑的地方,也是七星山的登山口。站在七星山山顶,往南可眺望整个台北市,往北可远眺台湾北海岸。在春天的花季,这里樱花、梅花、杜鹃花、茶花、碧桃、杏花等花木交替开放,层层叠叠,染红了整个山头。

若在小油坑继续坐108路车,可到达最远的景区擎天岗。没了层峦叠嶂的山峰,这里是大片的牧场。蓝天之下,漫步草原,仰望云天,在你身旁的是少数寄养在这儿的"退休"野牛。从这里的栈道可以到达绢丝瀑布(顾名思义,瀑布细如绢丝),或者前往冷水坑。当然,冷水坑里不是冷水,温度足有40℃。只是相较于阳明山其他温泉的水温,的确是比较冷的。

这便是"台北后花园"阳明山的惊鸿一瞥。在1950年为纪念王阳明而改名前,阳明山其实叫草山。日据时期,日本人则称它为"台湾的箱根"。作为全台最大、景色最美的郊野公园,阳明山公园的主要特色是以大屯火山群为主的火山地貌景观,并辅之以花季的花海。

坐108路游园公交车,是"一日看尽长安花"的最佳办法。除去壮美秀丽的自然风光,这里也有一些历史遗迹。如原蒋介石的行馆——阳明书屋,前身为日据时代企业家山本义信私人别庄"羽衣园"的阳明山公园,其建筑式样采用中国式庭园布局,亭楼台榭、池塘喷泉,典雅又顺应自然,这也是"台北市后花园"美誉之由来。

虽然说阳明山不能和大陆的名山大川相比，但作为一处郊野公园，可算是千姿百态，且不同季节皆有景致。3月至4月，除了可赏樱花，竹子湖的海芋花会全面盛放，可到各个农家海芋园把海芋带回家；夏季可赏彩虹；秋天大屯山枫叶满山，大屯秋色声名远扬；冬季则不妨来泡泡温泉，寒风细雨中也别有一番韵致。

Tips

 🚆 **交通**

  从台北出发:搭乘捷运淡水信义线至剑潭站下,转乘公交260路或红5路至阳明山站。

  从北投出发:在北投公园搭小9路公交车,可达阳明山和竹子湖。

 🕒 **开放时间**:管理处办公时间为8:30—17:00,周二休息。

 🕒 **游客中心开馆时间**:8:30—16:30。

 🕒 **各游客服务站开馆时间**:9:00—16:30(农历除夕及每月最后一周的周一休馆)。

 📞 **电话**:+886-2-28613601

在淡水渔村看夕阳

  傍晚的淡水渔人码头,一片金光交织于海面之上。此时不需太拘束,随便找个地方坐下,吹着海风,静静地享受。就像有些台湾人,直接把自行车停在路边,席地而坐,戴上耳机,望着远方观音山,啃着面包。

  淡水的夕阳曾被日本旅游杂志评选为世界十大日落美景第二名,仅次于马来西亚兰卡威。看夕阳最著名的莫过于渔人码头,位于淡水河出海口右岸,以前叫淡水第二渔港。

  淡水渔人码头原只是一个传统的小渔港,如今,这渔港不但拥有一座美轮美奂的浮动码头,还有330多米的木栈道、堤岸咖啡店和超大的港区公园,构成一个环状动线,码头最多可容纳100多艘渔船,十分壮观。

从淡水捷运站出来,如果有时间,可以先逛逛淡水老街。这里是吃货的世界,淡水特产有鱼丸、鱼酥、铁蛋、阿给等,还有鲜奶麻薯、烤花枝、红豆奶油饼……记住,别吃太饱,留点肚子给码头的海鲜。

淡水老街不仅只有吃吃吃,老街上还有很多有名的景点和建筑,当年荷兰人侵入台湾修建的第一个军事堡垒红毛城、拥有百年历史的真理大学都在这条街上。如果你是周杰伦的歌迷,别错

过他的母校淡江大学，校区的欧式建筑历史悠久，环境优美，很值得一游。

渔人码头的落日可以成为淡水旅游的最美句点。当落日映照在海面上，沿海一直到沙仑海滩都可以拍到美丽的夕阳景致。此时暮色中的淡水变得格外妖娆，人们三五成群在栈道上散步，建筑物只被勾勒出轮廓。

当情人桥上的彩灯变化出梦幻般颜色，你可以去附近的海鲜餐厅吃海鲜，码头往往会有乐队开始他们的表演，此时无需说话，尽可吹着海风，听着悠扬的歌声，直到夜色深沉。

Tips

🚲 **骑行**：租自行车骑行是游览渔人码头最好的方式之一，在捷运淡水站出口的中正路上可以租车。

☀ **落日**：淡水落日时间一般是17:30—18:30，你可以选择在淡水地区游玩一天，傍晚观赏落日，也可以选择将其与附近景点安排在一起，如北投、阳明山、台北故宫博物院等。

🚇 **交通**：搭乘捷运淡水信义线至淡水站下车后，徒步30分钟，或租赁自行车，或搭乘红25、26路到渔人码头下车即可。

此地有温泉

此地有温泉，浴之气爽然；
荡胸忘俗虑，酣梦傲神仙。
身净如无物，心澄别有天；
松涛应一醉，风咏迈前贤。

这首《北投杂咏》是台湾日据时代的诗人洪以南所作，除描述北投之美，也道尽了北投温泉的风范。

从台北车站搭捷运至新北投站下车，恍然如到达日本某地的温泉街。放下行李，不妨在街头慢慢散步。

第一站可以是新北投车站旁边的北投公园，冒着热气的溪水似乎在无声暗示着造就此地繁华的原因。再往前，你可以在北投温泉博物馆里找到证实你想象的历史线索。典型的日式庭院掩映下的两层英式红砖小楼，就是1913年建成的温泉公共浴场，现为温泉博物馆。整体风格仿照日本伊豆山温泉，无不体现着北投温泉当年的繁盛。

事实上，拥有"温泉之乡"美名的北投，早在清朝就因采硫磺而闻名。而在日据时代,日本人对这里加以规划、开发,这座温泉浴场即为当时的代表。温泉一路随处可见,公园里流淌冒着热气的溪水。在这旁边,1896年兴建、北投现存最早的温泉浴池——泷乃汤还在经营,常排着体验的长队。

再往前,则到达地热谷。这里终年被90℃温泉水的热气环绕,仿佛一处巨大的蒸汽机。出地热谷,一路走过温泉路、银光巷、幽雅路,蜿蜒曲折的街道上人影寂寥,路旁的三角梅兀自绽放。两旁矗立着众多温泉旅馆,似乎无声诉说着北投的繁华由来已久。

从1896年开始,日本人平田源吾首先在北投开设天狗庵旅馆,以"北投温泉"为号的各式旅馆如雨后春笋般矗立起来。这些旅馆除了提供温泉泡汤(泡汤为台湾人的说法,即洗温泉澡)之外,也提供相关的一些服务,其中艺伎是重要的一环,只是当时温泉旅馆并非一般民众消费得起的。早期日本人经营的旅馆以日本客户为主,而台湾人所经营的旅馆,则以到台北洽商的客户为主。一时间,北投成为著名的政商冶游场所。

这里的繁华离不开温泉的高质量。北投温泉大致可分成白磺、青磺和铁磺三种类型。新北投温泉的泉源为大磺嘴温泉,泉质属硫酸盐泉,pH值约为3~4,呈黄白色半透明,温度为50℃~90℃,带些许硫磺味,但并不刺鼻。

20世纪之后,北投开始兴建大众浴场,渐渐成为一般民众也可以享受的场所。如今,随着新北投支线的开辟,北投成了台北周边游的热门之地。相比日本温泉,北投更为平价,氛围却有着浓浓的日本风情。

游览北投,不需要做什么攻略,最好是挑一个不那么炎热,甚至下着绵绵细雨的日子,一路走走停停,欣赏沿途古朴的日式建筑,遥想那依稀在耳的莺莺燕燕,再探索充满日风的寺庙、清幽静谧的庭院。百年来北投的历史,都在这里留下痕迹,至今依然可以感受到共同的记忆与复杂的感觉。

Tips

⚠️ **泡汤须知**：泡汤时，有几点必须特别注意，空腹、饱餐、酒醉、怀孕，以及激烈运动后，尽量避免泡汤。而且泡汤时间不宜过久，并记得多补充水分，才能尽情享受泡汤的乐趣。

🚇 **交通**：从台北搭乘淡水信义线至北投站换乘新北投支线，一站即到。

搭最美台铁支线平溪线

侯孝贤《恋恋风尘》取景地、梁静茹《暖暖》MV拍摄地、陈妍希主演电影拍摄地……

不想只将脚步停留在台北市区的文艺青年,不可错过这条靠近台北市又十分清新的小火车旅行路线,它就是平溪线。

乘台铁约40分钟,便可以从台北到达平溪线的起点瑞芳车站。车站的露天站台充满浓浓的复古味。买票的间隙,你或许会看到对面站台缓缓驶来一辆只有三节车厢的彩绘小火车,

那便是平溪线列车。

　　台铁平溪线可谓历史最悠久的台铁客运支线,于日据时代的1912年7月全线完工,原本是台阳矿业株式会社出资兴建的运煤专用铁路。1992年4月,平溪线被台铁选定为"观光铁道路线",这条无电气化的单向慢速铁路,车速限制在30~40km。自三貂岭起至菁桐,全长约13公里,瑞芳、侯硐、三貂岭为台铁双向电气化的"宜兰线"铁路主线,平溪线只停靠大华、十分、望古、岭脚、平溪、菁桐六站。

　　过去的煤矿遗址,如今成为独特的风景,列车缓缓穿行在溪谷,时间仿佛已经停止。

菁桐

平溪火车线的终点站也是起点,这里有着平溪线上最漂亮的日式木头火车站建筑,建于1929年。菁桐坑曾是平溪线上最大的矿场,因此这里保留了最多的日据时期和矿业有关的文化。堆煤场、废弃矿车、矿工食堂,还有矿业博物馆都可帮助你了解历史。

菁桐老街已成为热闹的商业街,别忘了尝尝矿工饭,以及去中埔铁桥(情人桥)拍照。

平溪

只有一个月台的小镇,最新奇的是火车从老街顶上驶过。

侯硐

　　侯硐其实并不在平溪支线上,而是在台铁的北回线上,这里过去曾是大矿场,但近来因为猫咪的聚集而声名大噪,为此还特地盖了一座猫造型的人行天桥,横跨于火车站铁轨的上方,方便人、猫通行。

　　侯硐的猫咪已经习惯于旅客的宠爱,多数非常慵懒。当然,如果身为一名猫奴,只想拜访侯硐猫村,对平溪沿线的车站没有兴趣,你也可以直接搭乘前往花东的台铁区间车,然后在侯硐站下车就可以了。

十分

　　十分车站是平溪线上必游的大站。十分寮老街有别于一般台湾老街,火车直接开进街里,独特的民宅紧邻火车轨道。《恋恋风尘》便在这里取景,而这里也是吴念真从小长大的地方。

　　步行25分钟,从这里可以到达全台湾最大的天然大瀑布——十分瀑布。十分也是天灯之乡,元宵节时可以看到数千盏天灯升起的壮观景象。这里也有一家煤矿博物馆,由原来的煤矿公司改造而成,其特别之处在于保留了一条运煤的窄轨,专门载游客。

暖暖

从台北前往平溪线会经过暖暖。八堵车站的下一站,便是这个无人看守的车站。暖暖因梁静茹的MV而声名鹊起,无数人在此下车,只为和站牌拍一张合影。

Tips

⚠ 从台北火车站到瑞芳站可以搭乘各式列车。

⚠ 瑞芳到平溪之间的车站:瑞芳、侯硐、三貂岭(平溪铁路支线的起点)、大华、十分、望古、岭脚、平溪、菁桐(平溪铁路支线的终点)各站。

⚠ "平溪线一日周游券"售价80新台币,目前可以在台北火车站、板桥、松山、基隆、八堵站或瑞芳站购买。火车约50分钟一班。

在最美大学东海大学散步

NO.6

走进东海大学,总有一种错觉:进去的不是高等学府,而是古典庭院。沿山兴建的大道两旁,一个又一个拱门建筑里的二层小楼以及庭院,居然是课室。而开满樱花的院落,其实是女生宿舍。

走在约农路上或任选一块草地坐下来,任由阳光挥洒在身上,树林、草地、蝉鸣及鸟叫融合为一体,实在有点担心在这里上课,会被环境分了心。

这所位于台中市郊的大学,坐落于一片山坡地。据说这儿曾经终日狂风扫荡,黄沙滚滚。当年日本人想用它来种植鸦片,幸而台湾一些党派人士

将消息密报在瑞士的国际联盟,由于日本也是反毒的签约国,只得放弃原计划。

20世纪50年代,美国联董会决定在台湾创办一所像大陆的燕京、金陵等校的基督教大学,台中这块宝地被选为创校基地。

如果你知道贝聿铭是校舍的设计师之一,那么你对东海大学优美的环境也就不足为奇了。第一校区建筑多为合院式,错落有致的庭院加之以唐代风格的校舍,古朴雅致。但校内并非全部采用古典风格,最知名的景点"路思义教堂"也由贝聿铭设计,外观宛若祷告的双手,内部不同于欧洲教堂繁复的雕琢,采用现代工业设计风格,线条简约明朗。

灰瓦、白墙、树木以及地标式建筑构成的校

园景观,让东海校园拥有"台湾最美丽的大学"之美誉。

如今,东海大学不仅是旅游景点,也是台中市民的休闲场所。校内有"东海校园解说员社",亦有关于校园建筑景观的书籍出版。在东海大学漫步成为来台中的一大游览项目,早可去东海牧场参观,购买牛奶及冰品,下午去路思义教堂及附近走走。

据说,这里的山坡地原名"大肚山"。因为希望东海学生都是雍容大度,不是大腹便便,第一任校长曾约农将其改名为"大度山"。在首届毕业纪念册上,他写道:"大度山头,校园之内,弦歌四起,骎骎乎有春风舞雩之意。"漫步林木茂盛的广阔校园,至今我们依然能对这段话感同身受。

Tips

📍 **地址:** 台中市西屯区台湾大道四段1727号。

🕐 每周日上午9:00、11:00和13:00在路思义教堂各有一堂主日崇拜。主日崇拜平均时间为1小时45分钟。

🕐 每年12月24日平安夜,宗教中心旁的毕律斯钟楼会于23:58:40开始连续敲100下,第100响时刚好是12月25日零分零秒。该活动在每年圣诞夜总吸引大量人潮进入东海校园。

NO.7

去清境农场喂羊

躺在青青草原,微风轻拂,绵羊成群漫步于原野,山峦白云相叠,远处是欧式庄园古堡……你身处的并非欧洲,而是台湾清境农场。

位于南投仁爱乡境内的清境农场成立于1961年,原名为"见晴农场",是当年为安置部队退役官兵,为他们提供农垦开发地而设置。后来农场又奉命安置滇缅地区撤台的军队和眷属,在农场内兴建博望新村等。他们从没水没电的原始森林开始,携手协力把这里开发成了美丽的世外桃源。1967年,蒋经国到农场视察,此地已是"清新空气任君取,境地优雅是仙居",这便是现在清境农场名称的由来。

清境农场海拔1748米,农场周围可见层叠起伏的高山,夏天平均气温只有15℃~23℃,可谓避暑胜地。一望无垠的青绿色大草原(青青草原)上,众多绵羊漫步其中,吃草嬉戏。四周多条步道

供游人漫步,并可居高临下,远眺连绵起伏的中央山脉,俯瞰整个清境全景。而冬天,因为地处赏雪胜地——合欢山的必经道路上,也有络绎不绝的人上山赏雪。

清境农场具有高山与草原等特色,容易让人联想起欧洲,所以当地设施和民宿多以欧式风格兴建,成为特色之一。如今围绕欧洲风,清境农场已经形成十分成熟的商圈体系。小瑞士花园以温带花卉打造花园,入口处的尖顶式欧风建筑搭配花墙,让人颇有身临瑞士的感觉。

青青草原上则可以

看到牧羊人携牧羊犬，引领绵羊在草原上奔驰，游客可以与之互动，还会上演剪羊毛秀。来自新西兰的格兰先生曾是当地专业的牧人，如今定居于此，被农场特聘为表演主持人。他会解说如何挑选羊只，并亲自给绵羊剃毛，动作利落令人叹为观止。结束后，游客还可以接近羊群，喂食并且互动。

牧场有步道连接各个景点，观山、看云、赏花、观湖，夕阳映衬之下，山峦起伏，碧湖微波，不论是赏景还是漫步，都恍然不知自己身在何处。

除去喂羊赏景，别忘了尝尝当地特色料理，不是欧洲菜，而是云南的摆夷料理。这就要说到清境农场的开发历史——博望新村是云南人眷村，保留着众多云南人的习俗。

这里的松岗文史资料馆里陈列了众多老照片，所以，当你欣赏着如同欧式庄园古堡的清境农场，与小绵羊追逐嬉戏后，也别忘记了解一下这里的历

史,这里的风景其实充满了岁月的回忆,如今放松疗愈的旅行,其实建立在当年老兵军眷的辛勤开垦之上。

清境农场的表演别具一格,有绵羊脱衣秀、马术秀等。

Tips

- **青青草原入原时间**:每日8:00—17:00。
- **门票**:平日票160新台币,假日票200新台币。
- **绵羊脱衣秀表演**:地点为青青草原,每场约30分钟,一般为周末与法定假日的9:30、14:30两场,根据天气情况而定。
- **马术秀表演**:来自乌兹别克斯坦的牧民表演一系列马背上的高难度动作以及射箭演出,地点为观山牧区马术秀场,每场约30分钟,时间为每天10:45和15:45。

NO.8
抽签去台湾最高峰

你能否想象,在不大的台湾岛,居然有一座常年积雪的山峰,而想攀登它,还需要一些运气,因为需要连续抽两次签,一次是进入该山所在的公园,一次是入住登山途中为数不多的山中小屋。之后,你还需要线上答题,完成登山知识的考核,方能前往,一观它的真容。

这座神秘的山就是玉山,横跨南投、嘉义、花莲和高雄4县市,主峰海拔3900多米,不仅为台湾岛最高山峰,也为中国东部最高峰。因常年积雪,远望如玉,由此而得名。

之所以让人费尽心思抽签排队,是因为"玉山积雪"位列台湾八大名胜之一。玉山山脉辖区内百岳名峰林立,总计30多座。除"热带雪山"奇观和奇峰之外,这里也可以赏云瀑、日出、林涛。站在山巅向四周眺望,北面雪山、南湖大山、中央尖山,南面关山、北大武山,遍览无遗,清晰可数。

玉山森林公园之所以成为登山爱好者的天堂，和其海拔有很大关系。公园内拥有古老的地层，地形多变，峭壁、峡谷、断崖无一不全。高海拔形成了丰富的生态系统，玉山从山麓到山顶依次生长着热带、亚热带、温带、寒带等不同气候带的树木，高山植物亦独具特色。

　　公园内住宿地不多，尽量保留了原始的风貌。这里自清代开始就已经逐渐开辟出众多难度不等的线路，八通关古道便是清代所建设的遗迹。除此之外，还有瓦拉米登山步道、云龙瀑布步道、鹿林山步道等。因此，在登山过程中，生态资源与历史遗迹尽可收入眼底。

3—4月的春季，海拔1500—2500米的山区已进入花季，从3月初的台湾笑靥花、台湾马醉木、台湾杜鹃到4月下旬的毛地黄，次第盛放。初夏，整个玉山被红毛杜鹃与硕大洁白的玉山杜鹃覆盖，形成壮观的花海景观。入秋后，海拔2000米左右的山区则是枫林尽染的景象，午后蒸腾于溪谷的云雾形成宁静壮观的云海，可漫步欣赏。隆冬降雪期登玉山是许多登山者梦寐以求的活动，于曙光乍现前到玉山主峰顶等待旭日东升的奇景，是众多登山者最难忘怀的景致。

可以想见，站在玉山主峰峰顶，俯视台湾全境风貌的情景：群山如丘，河溪如带；远望太平洋，回视台湾海峡，天地相接之感，让人遗世独立，乐而忘忧。

Tips

⚠️ 玉山不收取费用，但登山需要登山证。为了维护玉山地区的自然环境，按照保护规定，每天进入玉山地区的人数被限制在100人左右，进入的资格需要通过抽签取得，每天抽取下个月当天的签，如5月1日抽6月1日。

⚠️ 因为名额有限，尤其在登山旺季春秋季和周末，往往中签率很低，所以建议安排弹性的时间。除去抽签，登山前还需进行关于玉山概况、环保规定、高山症处理之类的网上学习并完成答题。

⚠️ 若要攀登3000米以上的高山，需附带登山计划书，需随从有向导证的向导。

⚠️ 宿营地及沿途排云山庄住宿，也需要抽签申请，具体可登录玉山主页查看：*https://npm.cpami.gov.tw/*。

到台南，
先清空你的胃

2015年，美国CNN曾专门介绍台南小吃，称台南为"Taiwan's food capital"（台湾美食之都）。

别的不说，近些年风靡全国的奶茶，其起源就在台南。台南气候炎热，加上盛产水果，日据时代通过引进制冰设备，特色冰果室就已经成为年轻人约会、聊天的好去处。如今，全台湾乃至全中国有名的连锁饮料店，许多发源地都是在台南。

台南成为美食之都，地理环境因素不可忽视。海港、平原、山脉，各类山珍海味食材四季丰富。

除此之外，台南的成名和历史也密不可分。台南市是汉人最早在台湾拓垦的城市之一，自明代中叶便陆续有渔民、船员甚至海盗倭寇在此定居。这座城市经历过荷兰入侵、郑氏统治、清朝统治，又经历日据时期，曾有"一府二鹿三艋舺的美誉"。后政经中心转往台北，台南虽衰落，但也因祸得福，完整保存了这近400年来的饮食传统，不论是来自大陆的小吃或异文化统治传入的异国料理，台南

可谓饮食文化的大熔炉。

台南美食一部分来源于大陆的闽南、漳泉厦等地,真正奠基人则成分复杂。

明郑政权瓦解后,当时的御厨伙夫散入民间,这些人士为了谋生便将家乡小吃、宫里御膳端出来贩卖。

日据时期,日本人则带来了咖啡、布丁、冰淇淋、吐司、巧克力、面包等和风洋食文化。

台湾光复之后,大陆各省风格齐聚一堂,台南市曾有著名的水交社、二空眷村,眷村美食可谓一绝。

由此可见,经过几百年发展下来,台南小吃逐渐演变出多元化的特色,著名的如担仔面、虾卷、蚵卷、鳝鱼意面、棺材板、米糕、虱目鱼料理、咸粥、牛肉汤、虾仁肉圆等,种类众多、物美价廉。

在台南享用小吃,除去品尝美食之外,小吃集市还通常聚集在具有历史发展渊源及汇聚当地信仰的地方,如赤崁楼、大天后宫、武庙、水仙宫、永乐市场、东菜市、大菜市(现国华街商圈)等。

台南市最早期的夜市源起于民族路赤崁楼、石精臼一带。在电视还不普及的年代,民众晚上无处消遣,逛夜市成为台南人夜间休闲娱乐的活动。

随着时代发展,一些过去的市集虽可能因为都市发展而湮灭或没落,但四散的摊贩为了注明自己的来源出身,有些会在所卖的产品前加注来历,如"石精臼海产粥"或"大菜市意面"等。具有悠久店史的小吃店家,所使用的餐具上还会印刷着自己的店名。

来到台南,你会发现令人眼花缭乱的小吃是台南之灵魂,人人都有本小吃经,出发前请先清空你的胃。

NO.10
垦丁,
最南角的公路大片

垦丁是一个几乎不会迷路的地方,唯一的公路几乎贯穿起它的所有景点。你可以在最南点拍照,在鹅銮鼻看灯塔看海钓;逛垦丁大街的热闹夜市,肚子里填满各种煎炸烤小吃;漫步垦丁牧场,看夕阳西下时瑰丽的晚霞从牧场尽头升起;也可以和潜导坐着破卡车到白沙湾岸潜,身背全副装备摇摇晃晃往海深处艰难挪动。喧嚣的市井与精致的海岸像极了小清

新文艺片的调调,但实际上,垦丁远不止这些。

你需要足够的时间来发现它的美。恒春半岛的形状决定了包车一日游是远远不够的。从这个尖(猫鼻头)到那个尖(鹅銮鼻)有10多公里,骑摩托是最完美的方案。但如果没有驾照,就不给租。退而求其次的选择,是在垦丁大街租一辆电动车,在混乱的车流中和公交车、大货车同场竞技。

清晨5点半,当远处的天空正逐渐变得透明,你便可以骑上租来的电动车,奔驰在几无一人的公路上。对比白天垦丁大街人流车流之拥挤混乱,现在眼前的一片坦途,会让人想起海子的诗:远方除了遥远一无所有。

从船帆石出发,沿途香蕉湾的码头整齐排列着渔船,砂岛蓝得似乎没有一丝杂质的海水拍打着白沙沙滩、鹅銮鼻的灯塔浮现在远处似明若暗的云层和海浪之间。绕过最南点继续向前,这一带海岸人影更加稀少。此时,请开足马力,检查备用电池。接下来,你看到的将会是垦丁的另一面:粗犷里带着点荒凉。

首先到达的会是龙磐草原,沿着一条岔路骑上坡之后,眼前豁然开朗,右手边的草场一片辽阔苍茫。沿着踩出的小路上到崖边,目及之处海岸线蜿蜒成柔美的弧线,太平洋那打在岸沿的波浪有如星雨。天高云淡无遮无拦,阳光倾泻

下来仿佛一切披上电光。强风扑面，那耀眼的光芒在周身明灭。眼前的景致强有力到令人丧失言语，那是一种奇异的状态，感官在此时很不够用，呼啸的风声灌满耳朵，而大脑里一片空白。

从龙磐草原到风吹砂，仿佛一出公路大片。沿着海岸公路一路狂飙，飞过洁白云海，跃过碧海蓝天，直到绿色草原渐渐被裸露的黄色砂石替代。这一路让人真切意识到"自由"其实不是虚幻的字眼。看吧，浩瀚的太平洋、空旷的公路、前方的大片白云，眼前真的没有什么可以阻挡你对它的向往。

早上8点半，在众多包车的人还未睡醒之际，你已经回到了船帆石，在蓝绿交织的海边喝着咖啡，然后拍拍屁股回去睡个回笼觉。

这便是体会垦丁魅力的方法：起大早，赶晚集，并且动用各种交通工具——电动车、间隔超长的公交车、神出鬼没的出租车、两条腿。当然，最重要的是开头所说，留给自己足够的时间，不是去景点，而是在路上。

Tips

🛏 **住宿**：从垦丁大街出发，电动车的电力基本无法绕过最南点，无法再往上到达龙磐草原一带，所以如果打算骑电动车去这些地方，需要住在船帆石附近。

🚆 **交通**：租机车需要提供执照，因此除去包车，最好的办法就是租电动车。不建议骑自行车，景点之间路途太过遥远，天又热，会丧失在路上的乐趣。

🍚 **美食**：恒春镇的夜市相比垦丁大街夜市更为平民化，比较有名的小吃如：蚵仔煎、臭豆腐和猪血汤。

🤿 **潜水**：主要分布在南湾一带的后壁湖、白沙湾、猫鼻头。海底动植物不算特别丰富，但能见度很好。需要注意的是，海域水温很低，基本在26℃~28℃，最好穿上潜店防寒背心。

NO.11
遗世独立有兰屿

如果论台湾最美的离岛,兰屿恐怕当仁不让。这里有比垦丁更清澈的海水,也有着最原始的民族风情。

兰屿是台湾第二大离岛,为达悟人(雅美人)世居之地,在达悟语里,岛名Pongso no Tao意思是"人之岛",如今兰屿的名字来源于岛上盛产的蝴蝶兰。这是台湾少数民族中唯一的海洋部落,数百年来,达悟人与世隔绝,日据时期甚至不许外人入境。因此,即使现在,岛上也看不到工厂和大型超市,

只有最原始的部落风情。

达悟人分属于6个不同的部落，他们捕鱼、采茶、造拼板舟、住地下屋……有着神秘独特的习俗和淳朴原始的风貌，其文化精髓可在拼板舟上得以体现。造拼板舟所用的木材，只能是使用者自己种的树。一般在少年时种下，人和树一起长大，成年后取下，打造成独一无二的拼板舟。拼板舟不仅是他们捕鱼的工具，更有着神圣的图腾意义。东清湾和八代湾是少数民族出海捕鱼的主要港口，可一见拼板舟的风采，除此之外，东清湾的军舰岩日出颇负盛名。每年元旦，很多台湾本地人都会赶到这里，在清晨的海风里，迎接第一缕阳光。

来到兰屿，方可体会什么是遗世独立的美景。岛全长36公里，非常适合环岛骑行，一路下来，既有火山岛地貌美景，又有大海蓝天相伴；东线适合看日出，西线适合看日落。这里也是一年四季都可潜水的胜地，海水能见度可达到50米以上，为世界排名第11的浮潜胜地。海底的生态相当多元丰富，适合在清澈的水质下观赏珊瑚藻类，与鲜艳的鱼类一同徜徉于大海之中。

日落时分，沿着青草满布的山路，来到200多米的台湾海拔最高之灯塔前驻足四望，头顶是蓝天白云，远处是阳光大海，天晴之日，连本岛也尽收眼底。这时你会明白，为什么兰屿被誉为"台湾最后一块净土"。

Tips

🚆 交通：

若搭乘飞机，每天有从台东丰年机场到兰屿机场的德安航空公司的6个航班，为19座的螺旋桨小飞机。

乘船的话，每年4—9月，会有3条航线开往兰屿，分别是：台东至兰屿、垦丁后壁湖至兰屿与绿岛至兰屿。

🕐 兰屿重要祭典：飞鱼季

飞鱼季为每年的3—7月。每年春天，飞鱼（AliBangBang）会随黑潮来到兰屿的海域，是岛民重要的蛋白质来源。飞鱼季期间有三次重要的祭典，分别是招鱼祭、收藏祭、终食祭。

🕐 招鱼祭： 通常为3月初，旨在祈求丰收，并可开始捕捉飞鱼。

🕐 收藏祭： 每年6—7月，不可捕捉飞鱼，开始将渔获做晒干储藏的动作。

🕐 终食祭： 中秋节后，不再食用飞鱼。

⚠️ 请尊重当地习俗，拍摄拼板舟、地下屋、当地的特殊传统服饰时，都请先征询对方的同意。飞鱼季（3—7月）期间，女性游客请尊重传统不任意碰触船只，不可任意登船拍照。

NO.12
花东纵谷,一场视觉大餐

清晨从花莲出发,骑车去鲤鱼潭是个不小的挑战。在经历了沿台9线从吉丰路一段爬坡爬到六段、再爬花东公路之后,当鲤鱼潭宁静的湖水终于出现在眼前,你却不能松一口气,因为你将发现,还有5公里环潭自行车道等着呢。

这就是骑行台9线的常态,蜿蜒的公路让你永远有爬不完的坡,路一侧还有高耸的山脉,不时提醒你可能有落石的危险。但很多时候,你还是会选择在路上,因为另一侧就是连绵不绝的美丽田野,当阳光投射其间,一幅又一幅秀丽的拼布风景画在眼前蔓延展开,间或还有路过的汽车鸣笛为你鼓劲。

这条贯通花莲、台东,长达158公里的绿色走廊,便是花东纵谷。这片位于中央山脉与海岸山脉之间的狭长谷地,因地处欧亚大陆板块与菲律宾海板块相撞的缝合处,产生了许多断层带。花莲溪、秀姑峦溪和卑南溪三大水系构成的网络,又形成了峡谷、瀑布等不同的地形。

除去花莲县境内最大的湖泊——如明镜般的鲤鱼潭，还有东部第一大川、景致瑰丽的秀姑峦溪、关山亲水公园、瑞穗牧场等，每一个都提供了一场无穷尽的视觉盛宴。

沿台9线而行，尽是一片绿意和绵延的秀丽山脉，纵谷内到处是果园、茶园、稻田、牧场。秋天丰收季，望去满眼稻穗的金黄，然而入冬后的花东纵谷，反倒到了最美丽的季节。

从花莲光复乡往南延伸到台东卑南乡，近700公顷的田园逐渐变成缤纷的画布。广阔的自然环境，孕育了当地居民爽朗的个性。骑行在路上，经常会有人向你打招呼，或鸣笛致意。

花东地区还是台湾少数民族的主要聚集区，孕育了阿美人、泰雅人、布农人、太鲁阁人及卑南人。独特的人文景观，丰富的自然资源，你会意识到，台湾东部除了海天一色的景致以外，其实还有雄伟壮丽的山川美景。

Tips

花东纵谷在不同季节有不同的观光乐趣。

- 7—8月，台湾少数民族部落接连举行文化节和丰年祭。
- 8月，鹿野乡的高台会举行花东纵谷国际飞行伞赛。
- 9月，玉里金针山和富里六十石山有金针花季。
- 12月，活动有卑南乡的卑南人大猎季，花东纵谷圣诞灯会顺着纵谷沿线举行，还可欣赏沿途的稻浪和花海。

NO.13
太鲁阁,台湾最美公园

体会太鲁阁的美,需要有王羲之笔下兰亭集会的精神:欣于所遇,见山爬山,见水赏水,若在长春祠遇到峡谷音乐节,就停下来欣赏几曲再上路。

虽说太鲁阁的重要景点沿途都设有停靠站,但和多如蝗虫的游客一起如赶集般上上下下走马观花,实在不是什么特别好的体验。事实上,你完全可以"逆历史潮流",于黄昏一路坐到终点天祥,租一辆自行车,你的行程,从第二天早上才开始。

清晨起来,可以先漫步白杨步道,穿越漆黑的隧洞后就像是《桃花源记》里的描写,豁然开朗之后几无人烟,只有瀑布坠入深谷,白云无心出岫,崇山峻岭之间露出的一小方湛蓝天空随着山路盘桓时隐时现。

20公里长的太鲁阁源自400万年前的板块撞击,骑车沿着贯穿这古老峡谷的唯一公路——中

横公路（即东西横贯公路，简称中横公路），一路会掠过高山飞瀑、断崖深谷与清流急湍。走在绿水步道，耳边只有窸窣草声，入口的展示馆展示了地质景观与中横公路的开拓史。千百年来不断切割大理石岩层的立雾溪，携裹着历史无言远去。10月的阳光依旧很盛大，toroko，这名字来自当地少数民族语言的"伟大的山脉"，正在被逐渐点亮，泛出白晃晃的光芒。

或许是因为大陆名山大川太多，太鲁阁全段比较著名的景点看来并无太大新意。峡谷之美在于光影变幻和移步

换景,坐大巴到底差了很多,一日往返花莲就更无法体会峡谷的细腻变化。清晨,飘着的淡淡薄雾仿佛人世烟花已然散尽。正午,万物以沉默的生长对抗暴晒的烈日。

旅行的第一天,可在太鲁阁中段的布洛湾住下。这里曾是太鲁阁人世代生活的地方,如今开辟成了度假村。狩猎变成了BBQ(Barbecu,即烧烤大会),表达爱意的口簧琴成了晚间的娱乐节目。然而在这群山环抱的小木屋里睡到日落西山,坐在环流丘步道的木椅上眺望立雾溪迎着夕阳远去,又会觉得千百年过去,似乎时光凝结在这里,从来没有改变。

第二天的中午,大约便可到了太鲁阁的入口。如果有劲,可以从中横公路的牌坊一口气骑回到花莲,25公里,穿行数个小村庄,超越几台拖拉机,路过一大片花样颇多的墓地。当你几乎是机械地往前慢慢蹬时,请勿错过忽然映入眼帘的一段灰墙,上面刷着不甚工整的几个大字:七星潭风景区。

此时阳光多半已经衰减,斜斜照在沙滩,浪却不小,数次扑向海边的游人,引来一片四散奔逃的兴奋尖叫。旁边有卖艺人弹起了吉他,唱着《小城故事》之类的流行歌。当你坐在七星潭海边的观景台上,一口气灌下一大瓶从路边摊买来的无标椰子汁时,回想起曾在太鲁阁长春祠的音乐节上,靠着栏杆听飞瀑下大提琴手拉一曲《天鹅》,那些记忆仿佛随着歌声消散。一种重新回归人间大部队的感觉,像夕阳一样劈头盖脸洒下来,温暖、熟悉又无所适从。

Tips

🚍 交通

从花莲到太鲁阁可以在花莲火车站边的客运站坐好行小巴,终点是太鲁阁天祥,也可以买往返一日券。到达天祥单程大概需要1小时30分钟。

贯穿峡谷的只有一条18公里的中横公路,景点分布在公路两侧。好行大巴会在各个景点停车。出发前最好上太鲁阁的网站看一下,很多步道会因为气候原因暂时封闭。如果遇到台风等雨雪天气,一定不要上路。

如果骑车,一定要从天祥往回骑下坡,否则肯定累死。公路没有自行车道,还需穿越隧道,务必注意安全。车灯一定要有,并且保证入隧道时打开。

多数步道并不难走,也不收门票。但大多是野路,最好穿运动鞋,太管处也有租安全帽的。

🚲 租自行车须知

如果租自行车,可以在天祥晶英酒店里太鲁阁峡谷自行车行租,不过除非你再骑回来,否则就只能到花莲还车,这里选择有二。

1. 从太管处骑回花莲，路程26公里左右，沿途全是公路，并不难走，就是比较乏味，也暴晒。中途可以沿两潭自行车道到七星潭一游。

2. 自行车应可以带上区间火车，不过最好事先询问。

🚲 太鲁阁峡谷自行车行
📍 地址：花莲县吉安乡宜昌一街20号

🛏 住宿
太鲁阁除了天祥和太管处，中段只有布洛湾山月村（原来曾是太鲁阁人的居住地）可以入住。沿途没有吃饭的地方，所以最好自己备点吃的。

NO.14
九份：
天空之城VS悲情城市

因侯孝贤导演的电影《悲情城市》而红的九份山城，已然成为每位到访新北游客的必玩景点。这里曾是没落的金矿小镇，如今摇身一变成为热闹的观光景点。

观光客争相涌入，九份老街却风貌依旧，雨中则更增添些许韵味，似仙境，但又不失原本的朴实。

九份位于新北市瑞芳区，坐山面海。1890年左右因发现金矿脉，九份开始繁华起来。日据时代，大量黄金被输往日本，九份产金量达到顶峰。20世纪30年代这里曾被称为"小上海"和"小香港"，升平戏院更是全台湾第一座电影院。

然而，随着20世纪60年代金矿开采殆尽，至1971年完全终结，九份也跟着步入沉寂。直到1989年侯孝贤的电影《悲情城市》大获成功，这个小镇又重新走入大家视野。山城蜿蜒的小径、充满怀旧气氛的老街与废弃的矿坑……全都令人痴迷，又因这里离台北市区不远，很适合安排一日游，于是乎，九份再次金光闪闪。

来到九份，几乎所有人都会到基山街（九份老街）游玩。与日本动画大师宫崎骏电影场景相似的九份老街，街道以"三横一竖"四条道路为

主,"三横"指的是基山街、轻便路、汽车路,"一竖"就是贯通这三条的竖崎路。它们被许多阶梯围绕,孤悬在山丘之上,如同天空之城。

这里以能鸟瞰基隆屿山海对峙、雾雨迷蒙的美景而闻名。街上商店林立,有吃的,有玩的,有新潮的,也有复古的,是一个标准的有吃、有逛又有得玩的好地方。

除去眼睛看不够,嘴也不闲着。九份最著名的小吃就是芋圆,以基山街上的"赖阿婆芋圆"和竖崎路的"阿柑姨芋圆"最为有名。传统草仔粿也是当地名产,著名的排队店便是"阿兰草仔粿",当然,它是以满满实实的馅料获得大家的赞赏。

在九份的巷弄中,可以多走楼梯,随处绕绕,逛逛各式各

样的特色小店，发现九份山城之美。若是想暂时远离熙熙攘攘的街道，则可以走入九份的茶屋，除了品茗，还可以欣赏茶屋的设计与生活美学、精致茶点餐饮及四季晨晚各异的山城景致。或搭公交前往劝济堂，这里有绝美的报时山海景步道，视野所及，是壮阔山景与浪漫海景的绝妙搭配。

当然，不管走到哪里，都不要错过九份的夜景，最受人注目的就是竖崎路阿妹茶楼这一段，长长的阶梯，大红灯笼高高挂，仿佛重现九份歌舞升平的年代，也是宫崎骏动画片中场景之还原。不妨在此留宿一晚，感受有别于白日的不夜风情。不管是热闹的街道，还是朴实的民宅，都有一种属于山城的浪漫在夜晚更浓密地延伸开来。

Tips

🚇 交通

九份位于新北市瑞芳区,从台北市出发,可先搭乘台铁在瑞芳站下车,然后转乘客运车前往。或者可以与平溪线一日游相结合,白天在平溪线游玩,下午回到瑞芳站,转乘客运车前往九份住宿。

如果从台北出发,先抵达台北车站,搭台铁到瑞芳站,在瑞芳火车站对面的顶好超市可搭基隆客运前往九份。

NO.15

澎湖：
阳光，沙滩，仙人掌

晚风轻拂澎湖湾

白浪逐沙滩

没有椰林缀斜阳

只是一片海蓝蓝

坐在门前的矮墙上

一遍遍幻想

也是黄昏的沙滩上

有着脚印两对半

……

阳光、沙滩、海浪、仙人掌……一首《外婆的澎湖湾》，萦绕在多少人的记忆里。

澎湖列岛上的确能看到仙人掌。每到春天，仙人掌盛开很多亮丽的小黄花，等凋谢之后会结出紫红色的果实。

在台湾，澎湖列岛还有另外一个亲切的名字：菊岛。这里的冬天只剩下菊花还傲立风中，澎湖人认为菊花就代表着他们的精神，菊岛也因此得名。

澎湖位于台湾海峡，由大小不同的90个岛屿组成，主要由玄武岩组成，环以珊瑚礁，属火山岛。

马公是澎湖县的主要城市，从台北搭乘内陆航班前往澎湖，目的地便是马公。正如《外婆的澎湖湾》里唱的那般，走出马公市，放眼望去便是阳光、沙滩和仙人掌。海浪倒是不见，海面平静如湖，故澎湖称作湖，而非岛。目光触及之处，没有高楼大树，只有蓝天碧海的沙滩、古厝聚落历史古迹、美丽的海洋生态、丰富的自然景观以及特色美食，比如马粪海胆。

来到澎湖，游玩项目总和海分不开。澎湖本岛比较著名的有山水沙滩，在岛的最南端绵延200多米，是澎湖最美的海岸。奎壁山分海则是湖西乡的一大亮点，位于奎壁山地质公园的奎壁山，每当退潮时会露出300米的S形步道，可步行通达赤屿，宛如摩西出埃及的情景，仿佛重现当时的神迹。

位于白沙乡的吉贝沙尾，是台湾红极一时的偶像剧《海豚湾恋人》的取景地，这里拥有长800米、宽200米，洁白弧形的入海沙尾，沙质细腻。这里也是台湾最大的沙嘴地形，望着潮汐来去，清澈海水似乎带走了一切忧愁。

吉贝岛有各种水上活动，水上摩托车、香蕉船、滑水汉堡、摇摆快艇、冲浪飞毯等多达十来种，头盔式潜水装备，让就算是不会游泳的人也能一览海底下璀璨的珊瑚礁和生物。

　　位于西吉屿的蓝洞（即透天海蚀洞"灶笼"）是近年来爆红的景点。这座海蚀洞因被海水严重侵蚀，下方玄武岩断裂崩落后，形成开放孔洞，由排列整齐的柱状玄武岩往下望，可由洞口看见透亮清澈的海水，不禁让人赞叹大自然的神奇。

　　澎湖必玩的夜间活动，当属搭乘夜钓船到外海钓小管（类似鱿鱼）。因小管有趋光性，所以当夜钓船的探照灯全打开时，便会吸引小管靠近。5—9月是小管盛产期，不管是否钓到，结束活动时吃上一碗小管面线，才是最销魂的滋味。

　　澎湖旅游的高潮，是每年4—6月举办的澎湖花火节。不同于台湾本岛各地的烟火秀，澎湖花火节不仅规模更大、场次更多，花火景色也更壮观辽阔。每年澎湖花火节都带来50万到60万的观光人潮，当璀璨烟火照亮菊岛，仿佛也点亮你的夏季，你更能体会到这颗蓝色海洋上的宝石所散发出的美丽与热情。

Tips

🚆 交通

1. 乘飞机

台北、台中、嘉义、台南、高雄都有机场可以直飞到澎湖。可以先飞到台湾桃园机场,再转乘客运巴士到台北松山机场;也可飞到台北松山机场或高雄小港机场,就可以直接在航厦内转机前往澎湖。祖国大陆的旅客也可通过"小三通",先到厦门再从金门直飞到澎湖马公。

2. 搭船

海运船班多从嘉义布袋港和高雄港出发到澎湖马公港或龙门港,船程70—90分钟(到龙门港约60分钟)。

⚠ 澎湖花火节

主场在马公市观音亭园区举办,还有几场会在湖西、西屿、白沙、望安、七美等举行,具体时间和场次可留意官方网站。

此外,花火节举办时往往机票紧张,须提前预订。

资讯°
微焦距

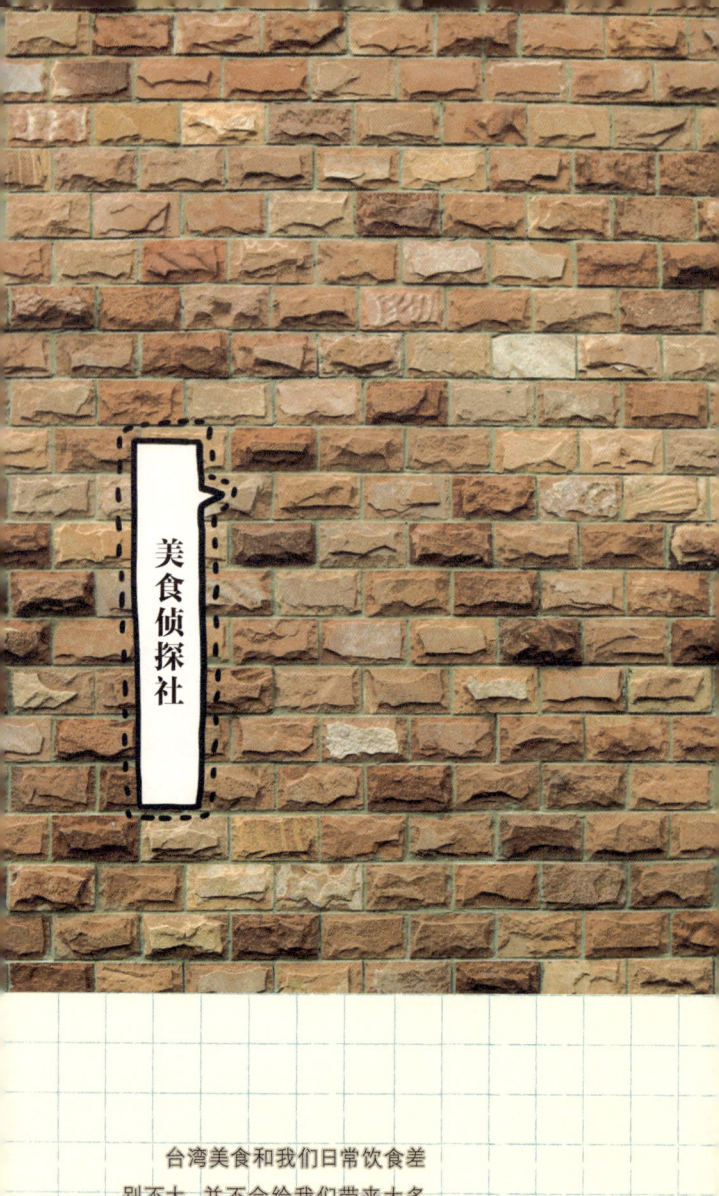

美食侦探社

台湾美食和我们日常饮食差别不大,并不会给我们带来太多惊喜,但胜在真材实料,价格亲民,且融合了闽南、日式、潮汕地区美食风味,且有夜市可以集中"逛吃逛吃"。CNN曾评选了必吃40道美食,有兴趣可上网搜索,以下为部分推荐。

牛肉面

牛肉面其实来源于大陆，因为台湾早期居民主要从事农耕，牛为劳作伙伴，不供食用。如今的台湾牛肉面，面条、汤头和牛肉三大元素缺一不可，味道大多分为红烧、清炖，多搭配上炖好的牛腩及牛筋。从小摊到老店，莫不潜心专研牛肉面学，各有各的门道。

小笼包

小笼包来源也是江南地区，传统肉馅小笼汤包，汤汁是灵魂，褶皱在14个以上，而更为考究者如知名店家鼎泰丰会做成18个以上。

卤肉饭

卤肉饭一般是台湾北部、中部的称呼，南部称之肉燥（臊）饭，肉是用机器绞碎卤的。南部卤肉饭则用大块五花肉卤，这在北部、中部称为爌（焢）肉饭。

大肠(蚵仔)面线

主要原料为蚵仔和面线,也有使用卤大肠做搭配者。

蚵仔煎

逛夜市必吃特色小吃,完美的蚵仔煎外层粉浆要有焦酥口感,地瓜粉、太白粉勾出的芡汁,各店家私房的甜辣酱配比完美,形成滑溜、Q弹的美妙感受。

臭豆腐

比大陆的臭豆腐清淡很多,台湾炸臭豆腐一般搭配酸甜不辣的台式泡菜,缓解油炸腻感。麻辣臭豆腐是近年来新吃法,搭配鸭血、酸菜,浓郁的麻辣汤底,加上臭豆腐独特的气味,别有一番感觉。有的店家也会加入肥肠,称为"大肠臭臭锅"。

割包

可以称之为台式汉堡，蒸包里夹入混合切碎的五花肉、酸菜和花生粉，一口下去，甜酸咸滋味俱有。

珍珠奶茶

鸡排配珍奶，可以说是经典的小吃组合。

鸡排

大街小巷与各大夜市随处可见，是台湾最普遍的小吃。

刨冰

　　于日据时代引进台湾的小吃,以制冰机将冰块切成碎片状后,在碎冰上头添加上不同配料与酱料,今成为街头巷尾都常见的特色冰品。台湾热销的杧果冰,被美国CNN和旅游杂志评选为世界最好的甜点之一。

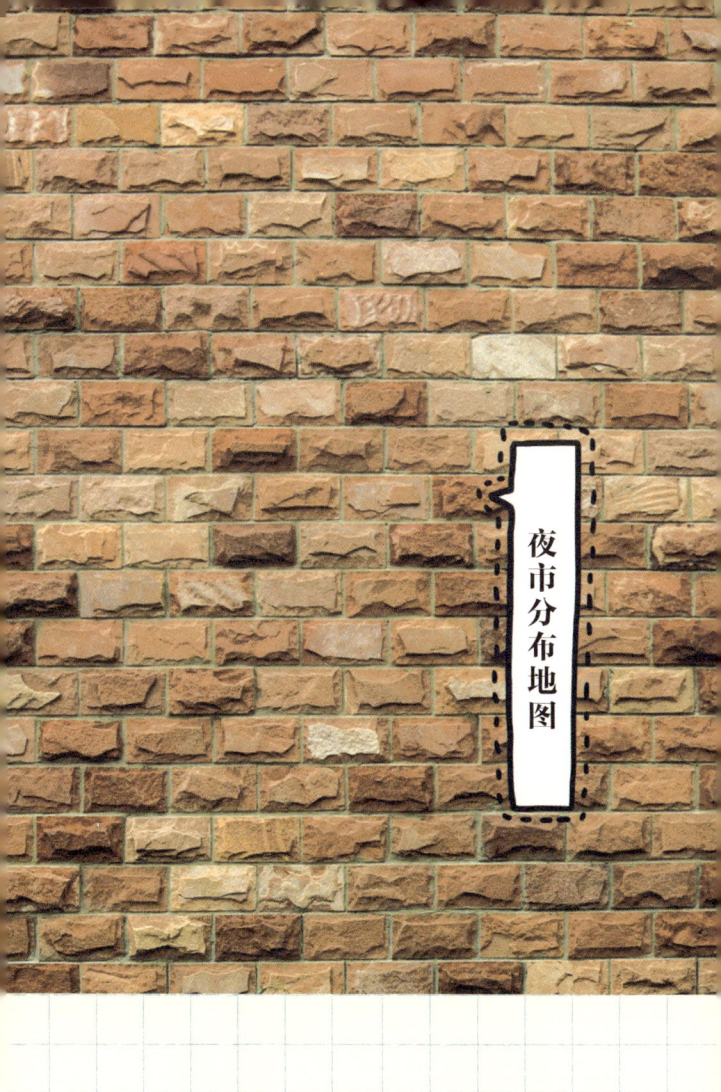

夜市分布地图

台湾媒体每年都会评选10大夜市,排名略有变化。虽说每个夜市因地区不同都有特色,但差异并不算特别大,因此并无必要特地去找,建议只去住宿地周边或顺路的夜市即可。

北部地区

- 基隆庙口夜市
- 台北饶河夜市
- 宜兰罗东夜市
- 台北士林夜市

花莲自强夜市

东部地区

台东观光夜市

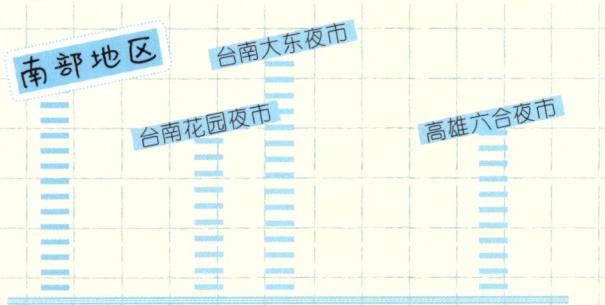

南部地区　　台南大东夜市

台南花园夜市　　　　　高雄六合夜市

中部地区　　台中中华夜市　　台中逢甲夜市

伴手礼清单

- ✓ 凤梨酥
- ✓ 猪肉纸（脆薄肉片）
- ✓ 猪肉干
- ✓ 牛轧糖
- ✓ 麻糬
- ☐ 太阳饼

- ✓ 绿豆饼
- ✓ 奶油酥饼
- ☐ 方块酥
- ✓ 乌龙茶
- ✓ 姜母茶
- ✓ 豆干
- ✓ 蜜饯
- ☐ 台北故宫博物院纪念品

台湾旅行线

全境7日游

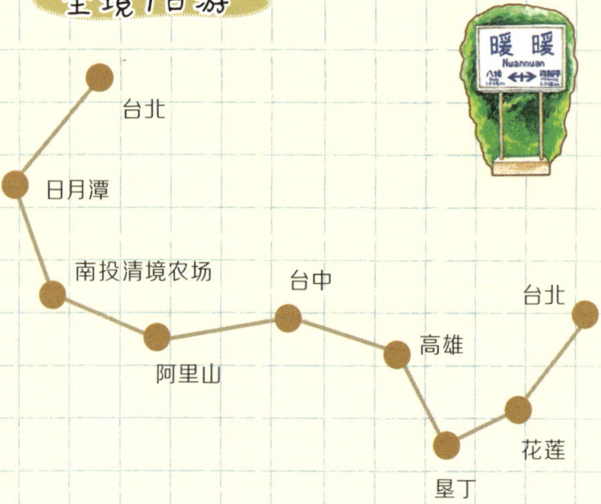
台北
日月潭
南投清境农场
阿里山
台中
高雄
垦丁
花莲
台北
暖暖
Nuannuan

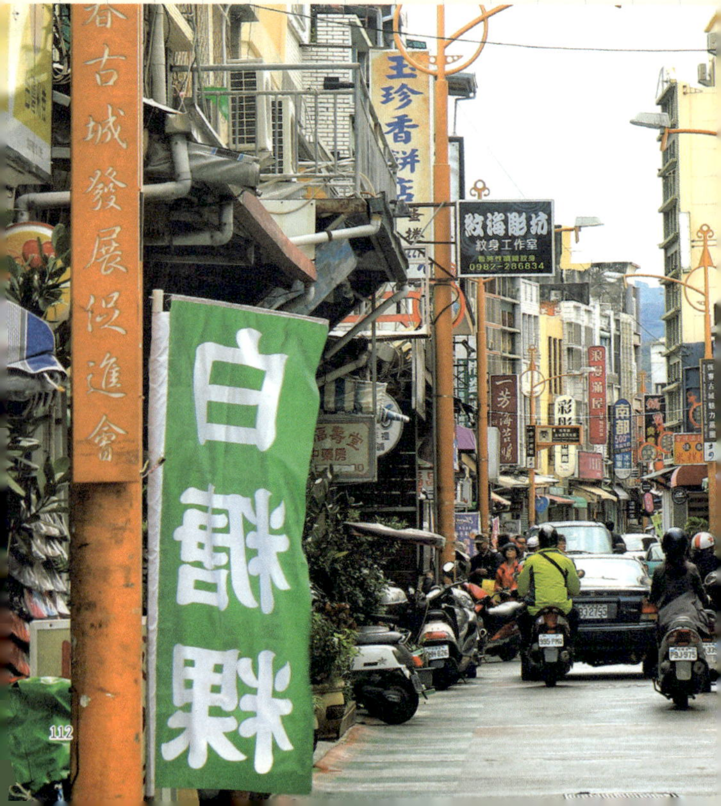
古城發展促進會
王珍香
紋海彫坊
紋身工作室
0982-286834
白糖粿

15日环台之旅

- 台北
- 台中
- 南投(集集支线、日月潭、清境农场)
- 嘉义(阿里山)
- 高雄
- 屏东(垦丁)
- 台东
- 花莲
- 新北(平溪铁路、九份、野柳)
- 台北(淡水、北投)

台北及东部7日游

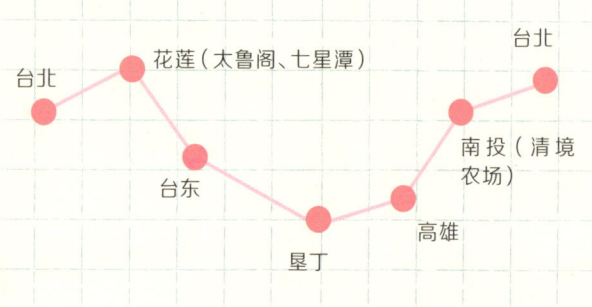

台北 — 花莲(太鲁阁、七星潭) — 台东 — 垦丁 — 高雄 — 南投(清境农场) — 台北

西海岸10日游

台北 → 台中 → 嘉义(阿里山) → 澎湖 → 台南 → 垦丁 → 台北

从台东到花莲，有两条线路，一条海线即台11线(花东海岸公路)，一条山线即台9线(花东纵谷公路)，顾名思义，沿途有着山海不同的风景。

台11线

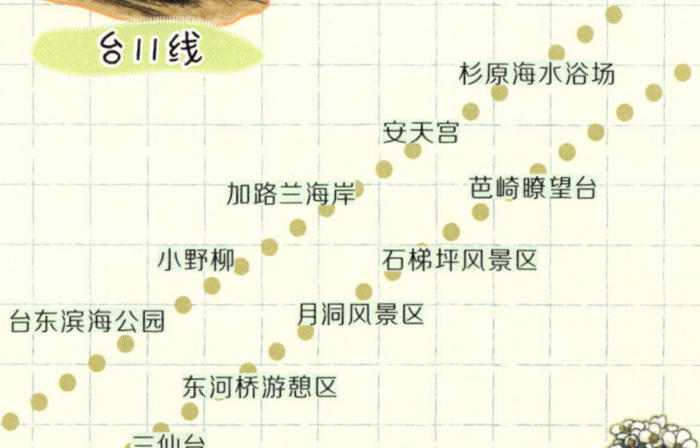

杉原海水浴场
安天宫
加路兰海岸　芭崎瞭望台
小野柳　石梯坪风景区
台东滨海公园　月洞风景区
东河桥游憩区
三仙台

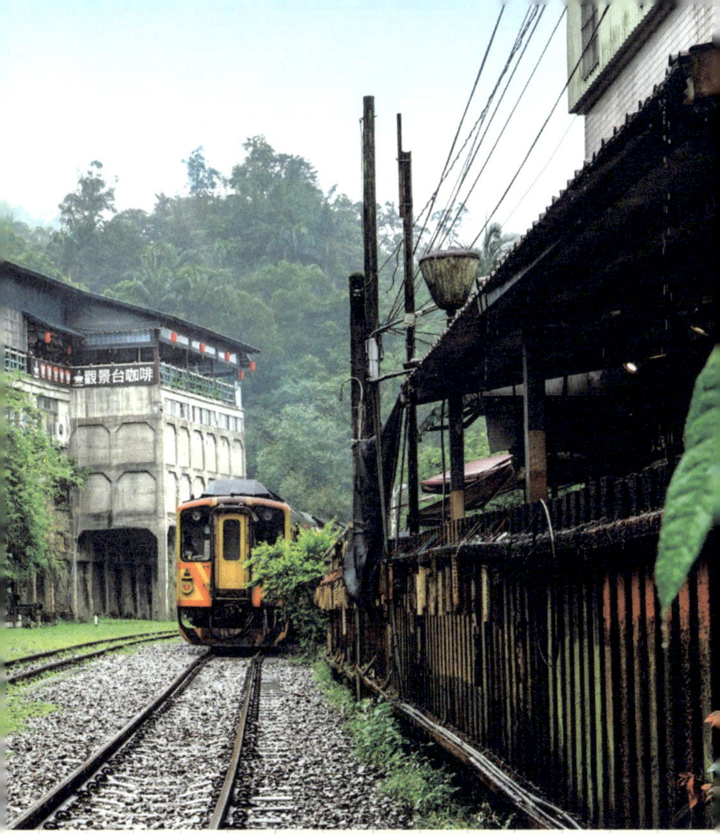
觀景台咖啡

台9线

从台东市区出发，沿着台9线花东纵谷公路往北，一路可经鹿野、关山抵达池上，沿途饱览花东纵谷的山与田。

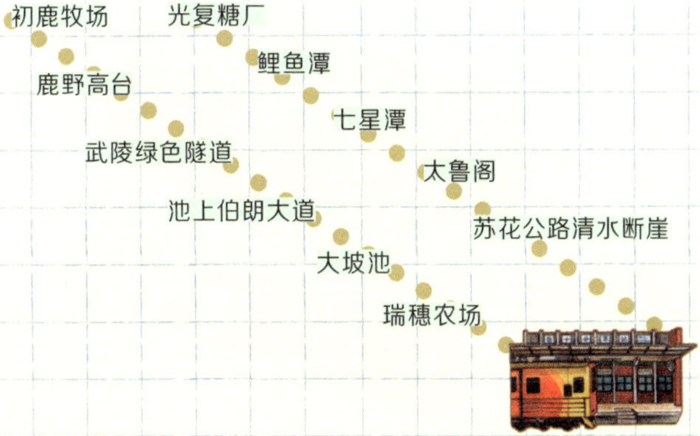
初鹿牧场
鹿野高台
武陵绿色隧道
池上伯朗大道
大坡池
瑞穗农场
光复糖厂
鲤鱼潭
七星潭
太鲁阁
苏花公路清水断崖

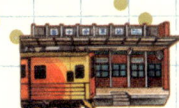

出行须知

办理证件

台湾自由行之前,请先留意官方政策。自由行正常时,需办理以下签证:台湾通行证+G签,以及入台证。办理通行证和G签,需前往出入境管理中心办理。

通行证和G签目前一般都可以在出入境管理中心的网上预约。

办理时间:通行证一般为7个工作日,G签5个工作日。

入台证可以通过旅行社办理,一般需要财产证明,可详细咨询旅行社。

换新台币

台湾7-eleven等便利店都可以取现,但电子支付并不十分普及,因此建议携带现金。如果在大陆换,则可前往中国银行进行预约兑换。

通信

可以在淘宝租随身Wi-Fi,或者开通各大运营商提供的港澳台地区的流量包,一般一天在10~25元左右。

交通

国际机场为台北松山、桃园以及高雄机场,城际交通则主要是台铁、高铁以及捷运。在一些旅行高峰期和台湾重要节日前后,建议提前预订台铁和高铁票。大陆一些旅行门户网站可提供预订服务,也可登录台铁官网,使用信用卡付款,届时到现场取票即可。

台湾视听盛宴

> 书

白先勇《台北人》

杨渡《一百年漂泊:台湾的故事》

许倬云《台湾四百年》

王鼎钧《文学江湖》

廖信忠《我们台湾这些年》

影

齐柏林《看见台湾》

侯孝贤《悲情城市》

魏德圣《赛德克·巴莱》《海角七号》

杨德昌《牯岭街少年杀人事件》

李安《饮食男女》

音

说到台湾音乐,大家肯定不陌生,宝岛台湾流行音乐对大陆的影响,可以追溯至少两代人。

邓丽君、凤飞飞、罗大佑、胡德夫、齐豫、蔡琴、李宗盛、王杰、周杰伦……至今,其影响力仍延续不绝。

城市。
丈量指南

台北市

有位作家曾在书中说,台北给人一种古旧的感觉,但这种古旧,像一个家道中落的老派贵族,低调而有教养地严守着规矩,即便一领旧衣,穿出去依旧熨烫着折痕。

的确,如果你到台湾的第一站是台北,那么从桃园机场到台北市中心,你很可能会有点惊讶,一种从今天回到20世纪90年代的感觉油然而生。仅就硬件来说,台北城市的确显得旧,街道窄又密集,楼房多数不新不高。路面也不是新修的,乍一看完全不像是国际大都市的那种现代化格局。

但它很干净,人车井然有序,问路也经常能得到礼貌且详细的指引。台北入夜更有着一种别样的娴静,走在南洋建筑风格骑楼之下,看着远处繁体字霓虹灯招牌,有一种回到20世纪30年代上海滩的感觉。

它也很丰富,台北101大楼所处的信义商圈仅隔一条路处,便是如城中村般破旧的四四南村

（台北信义公民会馆,之前是台北第一个建立的眷村）；你可以白天去松山文化创意园区看设计大展,晚上就去路边摊鳞次栉比的夜市大快朵颐；你也可以这边厢去诚品书店淘书,去咖啡馆泡吧,那边厢就去寺庙拜拜；台北故宫博物院的珍宝看完,你还来得及去阳明山爬山,去北投泡个温泉。

事实上,我们通常所说的台北主要指台北市,广义上则指台北都会区,包括台北市、新北市、基隆市。身为19世纪后期以来的台湾地区行政中枢,台北市是台湾近代历史主要的发展舞台。也因此,这座城市融合了日本殖民时期遗留的街巷、大陆移民的足迹、新旧交替的建筑……简而言之,以"西路"命名的通常为老城区,而新城则主要向东发展。忠孝东路向东一直到台北101大楼所在地有数个商圈,往东南则是台北的文教区。

这是一座并不大的城市,乘坐捷运是最好的游览方式。相信到达之前,或多或少你都会从一些文艺作品中对它有所了解,但不妨暂时放下对它先入为主的概念,用你的脚丈量,用你的眼观察,在这座丰富的城市中找到最适合你的游览方式。

推荐景点

夜市
士林夜市
宁夏夜市
师大夜市

商圈
西门町
忠孝东路商圈
信义商圈
永康街

观光
台北101
四四南村
行天宫
龙山寺
阳明山公园
北投温泉
猫空缆车

Tips

　　3—5月和10—11月是台北的最佳旅游时间。春秋季气候温和舒适,且少雨,天气适宜出行。春天可上阳明山看樱花、杜鹃花、海芋花。10—11月,则是有百年历史的温泉节,不妨去北投泡温泉。
　　另外,台北的夏季也是台风季,出行前请留意天气预报。

住宿

　　可住在台北车站附近,周边旅馆众多,四通八达。

推荐景点

- 艺术空间
- 台北故宫博物院
- 历史博物馆
- 台北市立美术馆
- 台湾博物馆
- 台北当代艺术馆
- 台北国际艺术村
- 宝藏岩
- 松山文创园区
- 华山1914文创园区

新北市

新北是台湾岛最北端的城市，1875年（清光绪元年）设立台北府，自此始有"台北"之称，顾名思义，"台北"就是"在台湾北部"。不过2010年12月，台北县（此台北县不同于台北市）变成了市，之所以叫新北，就是台北北部新设的意思。

所以，新北就是环绕台北的市，样子颇像个甜甜圈。东北面是基隆，东南是宜兰，西南是桃园。新北虽然听起来很陌生，但是事实上，来到台北旅行的人总会花点时间到新北进行一日游，很多著名旅游景点其实都属于新北的范畴。

若你喜欢自然风光,淡水渔人码头有全台湾最美丽的夕阳景色,在海边听音乐品地炉烤鱼是不能错过的项目。小众一点的北海岸,其实有着一望无际的美丽海岸,加上海蚀奇观石门洞、野柳,让每一个到来的人都感叹大自然的神奇。

喜欢充满历史气息的,别错过九份老街,可探访全台湾昔日采矿业从兴盛到衰败后留下的怀旧景色。

走文艺路线的,记得踏上平溪铁道之旅,沿途有梁静茹拍摄MV的"暖暖"、被喵星人占据的"猴硐"、火车穿街而过的"十分",别忘记在平溪放一盏天灯,许下美好的心愿。

喜欢"逛吃逛吃"的,淡水老街、九份老街都能满足你的口腹之欲,瑞芳火车站周边的瑞芳老街一带,也有不少隐藏版美食,正等你品尝。

可以看出,新北有着台北所没有的自然风光以及古旧的人文情调。山林、海洋、溪谷、水岸、温泉,还有农庄、茶园的田园风光,都在昭示着百年来先民在台北盆地开垦的轨迹。

节日

新北市平溪天灯节，是每年为庆祝元宵节（正月十五）举办的节庆活动。平溪天灯已有百年历史，每年元宵节前后都吸引10多万民众前来。数千盏天灯在暗黑中冉冉升空，天灯节于2016年被《国家地理》杂志推荐为"全球十大冬季最佳旅游首选"。

推荐景点

- 淡水渔人码头
- 淡水老街
- 红毛城
- 九份老街
- 石门洞
- 野柳
- 平溪线

基隆市 / Jilongshi

　　从天井的矮墙望出去，看得到基隆远方的山丘和密密麻麻的房屋；天色通常是灰灰蓝蓝的，每天都会下一小场雨，先是飘下轻柔的小雨丝，左邻右舍不知是谁总会先叫喊："雨来咯！"但大家一面呼应着，一面也不慌忙，慢条斯理出来收拾好晾晒的衣物，下的也还是打不湿头发的毛毛雨……雨水通常不会持续太久，邻居也会有人先喊出："雨停咯！"阳光又灰扑扑微弱地照耀着天井，并且穿过屋檐滴落的雨水折射出彩虹的缤纷。

　　如同出身基隆的詹宏志在这篇回忆故乡的文章中所写，提到台湾最北端的城市基隆，给人的第一印象就是淫雨霏霏的"雨港"。由于位处台湾东北部，三面环山一面朝海的地形让这里深受东北季风的影响。不过，基隆是雨港也是渔港，作为北台湾最早开发的地区之一，也是台湾最早开放通商的港口之一，基隆开港的历史，可以追溯到19世纪。

　　基隆古称"鸡笼"，名称应是来自少数民族凯达格兰人。17世纪时，西班牙人和荷兰人的先后侵占成为鸡笼开发之始。但即便如此，到了清朝统治时期，这里大部分地区仍旧未开发。直至1723年，来自福建漳州的移民兴建崁仔顶街，即今日基隆市街，才逐渐有汉人移入开垦。19世纪，因发现鸡笼有丰富的煤矿和优良港湾，鸡笼终于随着台湾开港而开放为贸易港。1875年，鸡笼正式设治，取"基地昌隆"之意改名为基隆。

日据时期之后，作为离日本最近的港口，近30年时间，基隆港被有意打造成一座军、商、渔三用的港埠。战后，基隆凭借采煤业再度兴盛，并在20世纪60年代达到高峰，在此时期，基隆进行多次扩建，1984年已名列世界第七大货柜港。

不过如今再提起基隆，对这座城市的印象已经和20世纪60年代大有不同。其原因在于20世纪70年代之后矿业逐渐衰落，且基隆腹地过小，运输量逐渐衰退。因临近台北，基隆逐渐转型成为

台北卫星城市,并于20世纪90年代开始开发旅游观光产业。自清代开始的开发让这里留下众多历史遗迹,如清光绪年间为加强巩固海防修建的白米瓮炮台、二沙湾炮台(海门天险)、大武仑炮台等遗迹,加上数百年来,无数异国船只在这里进出,带来了丰富多元的文化。

　　如今的基隆不仅留有富于活力、有趣的鱼鲜拍卖交易场崁仔顶的鱼市场,也有热闹的中元祭典、精致多样的庙口小吃、炮台与隧道、岬角与湾澳、渔港和鱼市……游山访古,基隆虽不复当年国际港都的盛况,但碉堡的雄伟景观衬以一望无际的蓝天碧海美景,也令人流连忘返,不虚此行。

推荐景点

白米瓮炮台

又称"荷兰城",创建年代在清法战争时,但现今所见之建筑应为日据时代日军因应日俄战争所改建。

白米瓮炮台视野辽阔,可俯瞰基隆港内外全景,但见万顷波涛,俨然成为基隆港的地标。夏天的晚上则可以欣赏港口灯火,还有满天星空和徐徐凉风。

大武仑炮台

位于基隆西北方,位于大武仑山巅,可西瞰情人湖,北俯大武仑澳,东望基隆港及东海。基隆屿、外木山澳渔村、八斗子、北海岸一带的秀丽风光尽收眼底,常为婚纱公司取景地。

二沙湾炮台(海门天险)

位于中正公园二沙湾山上,创建年代约在清道光年间(1840年),之后炮台被毁,现址为刘铭传部队于清法战争后(1885年)所建。这里视野宽广,可俯瞰港口,体会"海门天险"的气势,景观绝佳。此外,炮台全区步道林木密布,亦可作为森林浴之好场所。

- 基隆庙口夜市
- 复兴路海产小吃
- 崁仔顶商圈
- 和平岛观光鱼市大街
- 八斗子新丰街饮食商圈

Taoyuanshi 桃园市

　　如说旅游，桃园市的存在感并不强。但因这里有台湾规模最大的国际机场，所以多数前往台湾旅行的人，第一站都会是这里。

　　桃园市核心区为桃园区与中坜区。比较有趣的是，这里依族群分布及生活圈分为北桃园和南桃园，北桃园属于台北生活圈，南桃园则是属于桃竹苗生活圈。因为临近台北，这里发展迅速，形成桃园中坜都会区。也因为工业发达，这里很多东南亚外籍劳工，所以当你发现有些区域看起来颇像东南亚，不要感到奇怪。

　　一般来说，桃园并不需要作为旅行的一站特地停留，但如果作为中转，则可以到其东南部走一走，其景点主要集中在大溪、龙潭、复兴等乡镇，如大溪老街、李腾芳古宅、齐明寺、莲座山观音寺等。北横公路串联起慈湖、角板山风景区、东眼山森林游乐区、小乌来风景区等，自然风光与人文地理都可让你大饱眼福。

推荐景点

- 石门水库
- 拉拉山自然保护区
- 中坜夜市

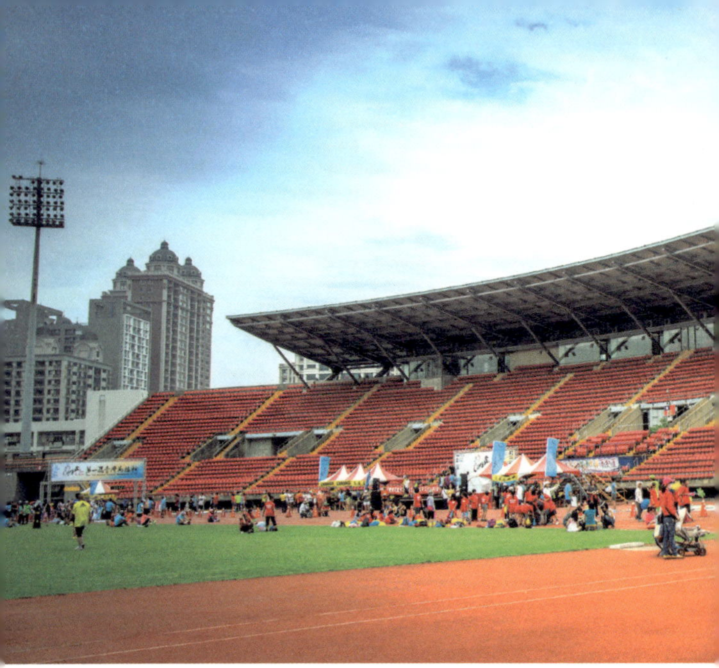

Xinzhushi

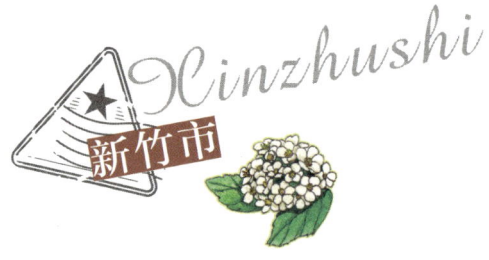

新竹市

新竹原名竹堑，是居住在新竹平原的道卡斯族“竹堑社”的音译。这里是台湾与大陆东南沿海距离最短之处，大约从康熙年间，这里逐渐有客家人迁入进行开垦，也因此，人口分布以客家人居多，占总人口数的85%以上，可以说，新竹在台湾的客家文化史上扮演举足轻重的角色。

新竹虽然拥有古老的文化，不过如今更被人所知的称号是“台湾硅谷”。这里拥有大型专业高科技园区——新竹科学工业园区。科学工业园区的设立，也让大批移民不断涌入，为这个传统城市带来更崭新的面貌和更为多元的文化。

所以到新竹市观光，不妨从1913年完工的新

竹火车站开始,一路游览护城河、迎曦门,瞻仰18世纪起新竹名门望族郑氏的家庙,以及生于1788年,1823年成为台湾本籍第一名赴京考取进士的郑用锡的宅邸,城隍庙、长和宫等无不显示着当年这里文化的兴盛;而如果你步入新竹美术馆、科技生活馆或者台湾清大艺术中心,你可以看到旧有的文化和生活方式在与高科技产业相互撞击下发生的各种蜕变。也正是这种碰撞,让新竹成为既是文化休闲的中心,也是重要的科技城市。在新旧交替的背后,这里值得我们去品味它数百年来独有的魅力。

推荐景点

- 新竹火车站
- 护城河
- 迎曦门
- 进士第
- 城隍庙
- 长和宫
- 水仙宫
- 郑氏家庙
- 新竹美术馆
- 科技生活馆
- 台湾清大艺术中心
- 新竹241艺术空间

新竹县

相比新竹市的高科技产业形象,新竹县以"好客竹县"著称,主打客家文化,以及以"山、湖、海"三大特色为主的淳朴自然之美。这倒也并不奇怪,其全县自台湾海峡、沿海平原、丘陵台地至高山峻岭,动植物及天然景点众多,例如早期丘陵地区用以灌溉的埤塘及宝山水库、大埔水库(峨眉湖)等众多地点。针对自然风景,新竹县完成了27条,总长将近300公里的自行车道路线,可以说,好客竹县最适合乐活慢游,逛吃逛吃。

好山好水孕育了丰富物产,如新埔的柿饼,关西的仙草,以及尖石、五峰的水蜜桃、甜柿等,另外,你一定听说过"东方美人茶"(膨风茶),是的,它就出自这里的北埔、峨眉。

新竹县另一主打是客家文化。虽然客家文化并不是新竹县所特有,且一提到某种文化,往往想到的是进入博物馆等单一地点进行知识性的参观和解读。但新竹县不太一样,这里倡导客家文化和现实生活环境相结合。所以,当你参观客家历史重要代表人物之故居,如文学大师吴浊流与龙瑛宗、"台湾民谣之父"邓雨贤、摄影名家邓南光,以及"新竹县水彩画的重要推手"萧如松等,你不仅可以了解他们的事迹,还可以看到他们的成长环境,感受到历史的发展过程。更重要的是,你还能参加邓雨贤纪念音乐会、吴浊流文艺奖活动、义民文化节与国际花鼓艺术节等,这种更具现场感的操作,让每一位参观者更能切身感受到客家文化的活力。

从台北车站出发,搭乘高铁,32分钟就可以到达新竹站。在领略了新竹市高科技的一面后,不妨再在旁边的新竹县停留片刻。封闭3年重新开放的雪霸公园、张学良故居,还有县里的高尔夫球场等等,都能让你乐而忘忧,感受在科技日新月异的今天,依然不变的自然之美。

推荐景点

- 张学良故居园区
- 萧如松故居园区
- 吴浊流故居
- 雪霸公园
- 内湾老街
- 北浦老街

苗栗县

说到苗栗，首先想到的就是客家人。

苗栗县18个乡镇市，13个以客家人为主，是台湾的"客家大县"。台湾客家人来台相当早，德国史学家Riess研究荷兰史料发现：荷兰人来台与台湾少数民族沟通时，多由客家人居中翻译。

客家人之所以多集中在苗栗，传说是因为他们曾在和闽南人械斗中失利，被迫退出平原，迁至靠山的丘陵地躲避。而苗栗，正是这样一处地方。

位于西北部的苗栗县境内山多平原少，数条河川穿梭其间，形成多变化的山川风貌，成为客家人躲避的最佳选择。至今苗栗主打的旅游口号，一个是客家风情，一个就是山中小镇。

这里保留了客家人的传统文化，也保存了农垦文明的成果：各种蔬果农场、牧场，让每年丰收季成为游客的海洋。除去采草莓等著名活动之外，不同时间的花季也颇具观赏价值，如桐花季、杭菊季、绣球花季、薰衣草季……令人目不暇接。

苗栗虽然不像其他地方，能说得出非常著名的旅游景点，但如果喜欢漫无目的地慢慢晃，来这里探索一下人文风情、自然风光以及古早情怀，是一种惬意的选择。

推荐景点

- 好望角
- 火炎山
- 大南窝绿丘
- 乌嘎彦竹林
- 飞牛牧场
- 崎顶子母隧道
- 胜兴火车站
- 龙腾断桥
- 三义木雕博物馆

活动

大湖草莓季每年12月初开始,一直持续到隔年4月中旬,大湖有数十家草莓园,采草莓不需要预约,先到先采,每一家草莓园产期、产量不尽相同,出发前建议电洽草莓园询问产量状况,可以避免空手而返的状况。

台中市

"台中"的名字可以按字面意思理解,就是"台湾之中央"。1886年,这里一度为台湾首府。日据时期,日本人曾有意把台中打造成一座现代化城市,于是现在的台中市区遍植柳树,幽静美丽,再加上流经市区的绿川和柳川,仿若日本京都鸭川,素有"台湾的京都"之称。

之所以不同时代台中都被重视,和其地理位置有很大关系。这里由于中央山脉阻隔,很少受到台风侵袭,且夏天比高雄凉爽,冬天也不像台北时常有阴雨绵绵的讨厌天气。台中冬天和夏天的温度仅差13℃,可谓四季舒爽,是台湾最适宜居住的城市。

悠久的历史和舒适的环境,使得台中文化发达,素有"文化城"美名。除去上文提到过的东海大学,这里还有逢甲大学等重点高校,是仅次于台北的公私高等院校重要分布区。有趣的是,除去高等教育基地,这里的民俗文化也红红火火,大甲妈祖绕境进香活动的起点便在这里,每年九天八夜徒步绕境进香是全台首屈一指的民俗文化盛事。

虽然来台中的多数观光客享受的是宁静的都市风光,但其实台中也有拿得出手的自然风景。高美湿地是台中著名的日落观景地,潮溪、草泽、沙地、碎石、泥滩……多样性的栖息环境,造就这个名副其实的自然天堂。大坑风景区素有"台中市阳明山"之称,这里保有原始地貌,8条登山步道都值得一试。

所以,不妨停留两天,在这座宁静之都里,将人文、自然、城市景观一网打尽。

推荐景点

宫原眼科

宫原眼科曾是日据时代宫原武熊医生所开的眼科医院,现已是购买伴手礼、享用美食的休闲娱乐场所,这里保留了日式建筑的怀旧风格,凤梨酥、牛轧糖、茶叶等伴手礼和冰淇淋、珍珠奶茶等非常受欢迎。

彩虹眷村

位于台中的一个小巷子,原本是随国民党赴台的退伍老兵随手涂鸦,因涂鸦颇富童趣,邻居也纷纷请他为房子作画,整个眷村成了他的画布,破旧的眷村变成了绚烂多彩的童话世界。

台中火车站

台中火车站于1906年通车，现在的火车站系1917年改建，浓厚的文艺复兴巴洛克式建筑风格，被评为二级古迹，是全台硕果仅存最美、最完整的火车站。

- 东海大学
- 台湾美术馆
- 台中歌剧院
- 宝觉寺
- 逢甲夜市
- 高美湿地
- 大甲镇澜宫

彰化县
Zhanghuaxian

你也许没听说过彰化,但一定听过《鹿港小镇》这首歌。事实上,鹿港就在彰化。清朝时这里是繁荣的商业港口,乾隆至道光末年,鹿港是仅次于府城台南的全岛第二大城,有"一府二鹿三艋舺"的说法,可见当时的繁荣。

从鹿港的发展可以看出,彰化是台湾开拓较早的地区。彰化地处平原地区,土地肥沃,适合农业开垦,因此自清朝开始,这里聚集了很多来自闽、粤两省的人,他们带来了不同的民情风俗,至今在彰化得以保留的最重要证据就是美食,如彰化肉圆、溪湖羊肉炉、鹿港蚵仔煎……

> 再度我唱起这首歌
> 我的歌中和有风雨声
> 归不到的家园鹿港的小镇
> 当年离家的年轻人
> ……

罗大佑的《鹿港小镇》道尽了这片土地的兴衰。随着农耕社会向工业社会转型,彰化逐渐失

去了过去的优势,比如鹿港因港口的泥沙淤积逐渐成为废港,开始没落,歌中所唱便是多数人外出谋生的境况。但这也让彰化得以保留很多古老建筑。如今的鹿港,凭借密集的寺庙古迹和传统建筑,已成为旅游的热门。在港口和市街结构上,你可以一窥其为何有"繁华犹似小泉州"的美名。

如今,彰化把原有的农园进行了改造,大打观光果园牌。比较出名的如员林的杨桃园,芬园的荔枝园,大村、溪湖的葡萄园,社头的芭乐(番石榴)和大城出产的大西瓜等,以农家体验为主的主题游,适合全家一起出行,在自然和人文交汇的风景中感受这片土地的前世与今生。

推荐景点

八卦山

八卦山自古即为古战场,1895年日军侵入彰化时,当地人据守八卦山,与日军展开激战,现在八卦山后还设有抗日烈士纪念碑,公园里有两座古炮。

八卦山另一景点便是大佛,高23米的巨型如来佛像昔日号称"亚洲第一大佛",建于1954年。如今,周边已经开发为供游人踏青徒步的园区。八卦山风景区占地广大,无论是登山健行、单车运动或生态旅游都十分有趣。

- 南瑶宫
- 鹿港
  - 天后宫
  - 龙山寺
  - 文祠
  - 鹿港老街
  - 鹿港民宿文物馆
- 芬园花卉生产休憩园区
- 百果山风景区
- 田中森林公园

南投县

南投坐落在台湾岛正中央,是台湾唯一的内陆县。地名源自阿立昆人(Arikun)语言"Ramtau",音译为"南投"。古志记载:"虎尾之北有大武郡山,东为南投山,内社二,溪南为南投,溪北为北投,故名'南投'。"

不过,这个全台湾唯一不临海的县,却有着许多"最":最高峰玉山、最大天然湖泊日月潭、最长河流浊水溪……

南投日月潭恐怕是全台最出名的旅游景点。事实上,日月潭并不是天然湖泊,而是日据时代日本人依湖修建、用来蓄水发电的水库。由于其位于群山之中,风景秀美又宁静,方才大热。

游日月潭,不一定要和众多跟团观光客一样搭船,日月潭的环湖单车道曾被CNN评选为"全球十大最美单车道"。清晨时分,还可以前往金龙山。要知道,台湾三大日出胜地"北格头、中五城、南二寮"之"中五城"指的就是日月潭周边的金龙山(五城)。你尽可以一路享受乡间小路及山林间清爽的凉风、新鲜的空气,上山之后,一面看着壮阔云海日出,一面享受自己带来的美食。

如果享受日月潭的湖光山色还不能满足你对自然的探索之欲,那么南投还有更多山峰值得你去登攀。南投有41座海拔3000米以上的高山,最高峰玉山就在这里。

  这里是登山爱好者的天堂,站在玉山主峰峰顶,可俯视台湾全境,群山如丘,河溪如带;这里也能满足乐水者的喜好,除去日月潭,台湾最长的河流——浊水溪蜿蜒而过,交织出令人赞叹的山水奇景。

  南投县主要产业其实是农业。清境农场、桃米生态村均位于这里。可以说,南投是个立体化的旅游大县,有国际级的度假饭店,也有田园民宿,更有着清境农场里充满异国风情的山庄、桃米生态村融合自然生态寓意的农舍。

  南投也是一年四季皆有景致的地方。春天去山脉郊游健行,夏天去农场清凉消暑,秋天在湖边观星赏月,冬天则到东埔温泉泡汤,可以说,这一个县足以让你感受到台湾自然景观之多样。

推荐景点

- 日月潭
  - 水社码头
  - 环湖单车道
  - 向山游客中心
  - 玄奘寺
  - 金龙山
- 埔里镇桃米生态村
- 中台禅寺
- 清境农场
- 东埔温泉
- 玉山

云林县

  云林县是台湾岛汉人最早开垦的地方,早在明天启元年(1621年),就有来自福建的汉人登陆笨港安营扎寨,从事开垦。笨港即今日的云林北港和嘉义新港一带,当时为繁荣的货物吞吐港。

  云林县县名之由来始于清朝在嘉义和彰化之间设置新县时,因县治在九十九崁云林坪上,于是将之命名为云林县。云林处在嘉南平原,90%的面积是平原,其他10%是丘陵。因此云林县一直以来是台湾农业大县,以种植业和养殖渔业为主。农产品占台湾农产品的70%,蔬菜占80%,水果占台湾水果的60%;而云林外海自古便是优良的渔场。

  所以在云林县西部,最吸引人的便是横跨云林县、嘉义县和台南市的云嘉南滨海风景区。这里不仅是生态最为丰富的湿地风景区,拥有包括埤塘、水田、盐田、河口沼泽、沿岸沙洲、潟湖、潮汐滩地等,而且还有许多颇具历史意义的人文古迹。

  除此之外,台湾最长的河流——浊水溪流过云林,塑造

了那里的地貌。作为台湾中部重要的分界河,由于河面广阔,16世纪欧洲人所绘的台湾地图甚至误将台湾分为北、南两岛。也因此,云林很多旅游景点围绕浊水溪展开。

从龙神桥跨过浊水溪,向南沿陈有兰溪溯源而上,眼前呈现出的便是系列高山纵谷:东边是巍峨的玉山,西侧是阿里山,中间纵深的河谷基本上呈直线状。在陈有兰溪及其两侧的山谷之中,分布着一些著名的瀑布和断崖,十分引人入胜。

可以说,来云林,不仅能感受浑然天成的自然景观,更能在人文层面寻前人足迹,借由探访名人故居,走进时光之回廊。

推荐景点

- 草岭
- 云嘉南滨海风景区
- 剑湖山世界
- 华山
- 樟湖风景区
- 北港朝天宫

嘉义县 *Jiayixian*

若论台湾著名旅游景点，其一是日月潭，其二就一定是位于嘉义的阿里山。

嘉义清代时叫诸罗，因"林爽文事件"（台湾的三大民变之一，由天地会领袖林爽文发动的一场抗清行动）中民众守护城池有功，故乾隆取"嘉其忠义"之意，将诸罗改名"嘉义"。

嘉义县倚山面海，最著名的景点是阿里山。准确地说，阿里山并不是一座山的名字，我们现在去的阿里山属于阿里山主山脉的一部分，因为海拔高度足以覆盖亚热带到寒带，所以区内自然景观丰富。日出、云海、晚霞、神木与铁道并列为"阿里山五奇"。这里也是台湾少数民族邹人的原乡，坐落在海拔1300米左右的阿里山邹人文化部落，被称为"阿里山上一颗璀璨的明珠"。

除去阿里山，往西走，嘉义有布袋、东石等海滨、盐田。相比阿里山的高耸，嘉义沿海有着更为悠然的风光。值得一提的是，因被北回归线穿过，每逢夏至时，嘉义就会举办独特的端午立蛋与立竿不见影等活动。近年来，台湾新年时的灯会也在这里举办，为这个自然景观丰富的地区，增添了不少人文色彩。

推荐景点

- 阿里山风景区
- 西拉雅风景区

跨越台南及嘉义,名称源自昔日分布于此区的台湾少数民族西拉雅人。区内有关子岭、乌山头水库、虎头埤水库、曾文水库等知名风景区及左镇文化区。

云嘉南滨海风景区

云嘉南指云林、嘉义、台南三县市,云嘉南滨海风景区便是横跨三县市的风景区,范围包含云林四湖、口湖,嘉义东石、布袋,台南北门、将军、七股与安南区共8个乡镇区,皆位于沿海。因此,云嘉南滨海风景区内拥有极长的海岸线,具有特殊海岸及湿地地形景观。再加上该地过去为汉人来台较早开发的地区,因此制盐、养殖、渔捞等相关产业蓬勃发展,保留许多深具历史价值的人文古迹。

台南市

台南有悠久的历史，建城历史可追溯至17世纪20年代，为台湾最早建立的城市。从荷兰殖民统治时期到清末将巡抚衙门迁至台北之前，台南一直是台湾的首府，有"古都"之称，19世纪时为台湾政经中心，至今"府城"一直是台南的别称。

台南小吃夜市商圈、旅游度假、古迹文化吸引着大批观光人潮，并以"宜居乐活城市"著称。

作为文化古城，台南保有大量人文遗迹，拥有多项地方特有的民俗传统技艺及文化活动，如庙宇庆典活动等等。小吃也是台南市一大特色，这得益于台南长期以来作为台湾第一大城、对大陆唯一的通商口岸的历史，来自原乡的移民带着不同种类的饮食徙入台湾，让台南城至今仍具有台湾最多样化的小吃。

悠久的历史，以及中心转移之后的"偏安一隅"，让台南与台北相比没有那么强的繁华气息，也没有其他地区自然风景的秀丽。台南市甚至是古旧的，没有捷运，没有什么新潮的奢侈品店，也没有车水马龙，有的是一个古城的悠然自得。

走在台南，会看到非常多老店，50年鱼羹、60年粉圆、80年冰店、百年冬瓜茶，数之不尽，而且不论生意多好都绝少开分店，只卖一种产品，要不很早关门，要不很晚才营业，有些更是周末休息。

昔日的富庶，让不少老台南人对钱的欲望并不强，更着重怎样过生活。生于台南的作家叶怡兰这样写台南："此城，特别有着一种，安步当车的自在徐缓，以及自信不拘泥的率意与随性。"

因此，行走台南，不妨也带着一丝随性，更能感受到这座老城独特的魅力与个性。

推荐景点

安平古堡

又称奥伦治城、热兰遮城、安平城、台湾城等，建于1624年，是台湾最早的要塞堡垒。自建城以来，曾是荷兰人殖民统治台湾的中枢，也曾是郑成功及其后代的住处。安平古堡有两处遗迹："台湾城残迹"和"热兰遮城城垣暨城内建筑遗构"。

安平老街

也叫延平老街，是荷兰人建造的第一条街道，其建筑有土角厝、红砖矮屋、西式洋楼等。现在的街道两旁有不少文艺店铺，是淘伴手礼的好地方。

德记洋行

这里是英商德记洋行在安平开港后于台南安平所设立的据点,为当时的五洋行之一,现为蜡像馆。

安平树屋

原本是英商德记洋行的办公室和仓库,随着仓库的废弃,周围繁茂的老榕树开始盘踞,房屋的原本结构逐渐被树根撕裂,树干也逐渐成为砖墙的主干。经过半个世纪,它们竟完全融为一体。现在还特别搭建了空中木栈道,以便人们更全面地观赏这座神奇的树屋。

安平观夕平台

新兴景点,所谓观夕,其实是看夕阳。这里可以结合百年灯塔、海岸线、白砂、防风林一起观赏,充满着海滨的浪漫情调,将各个海岸美景尽收眼底。

亿载金城

又称"二鲲鯓炮台"或"安平大炮台",由法国工程师设计完成,不仅是台湾第一座现代化西洋式炮台,也是全台第一座配备18000公斤的英国阿姆斯壮(Armstrong)大炮的炮台。

神农街

这条保存完好的小巷过去是台南最热闹的地方,宗教、金融和民俗活动都曾经在这条小巷中登场,现在这条小巷有酒吧、创意工作室、住宅和手工小卖铺,在傍晚时到此一游,能够体会台南浓浓的历史风情。

赤崁楼

又叫"红毛楼",赤崁楼历经300多年变迁,是17世纪以来台南历史变迁的见证者。郑成功时期,这里是全岛最高行政机构,后来被破坏又重新修复,因此它的建筑特色有着从荷兰式的城堡到中国式建筑的变迁。如今，它不仅仅是一座户外博物馆，也是台南最著名的古迹与精神的象征。

孔庙

又称文庙，是全台湾建成的第一座文庙，也是郑成功收复台湾后在台湾建立的第一所高等学府。每到孔子诞辰之日，台南市政府都会按照古制在这里举行祭孔庆典。

全美戏院

建于1949年,这个戏院因为李安在此度过了童年时期,打开了对电影的眼界而闻名,现今依然保持着以手绘制作电影看板的传统。

夜市

- 大东夜市
- 武圣夜市

高雄市

从哨船头码头搭乘渡轮到旗津,或乘贡多拉船沿着有浪漫之名的爱河行驶,这趟长途文化游艇之旅,可以让你一览高雄的风光,感受其历史变迁。

高雄原是马卡道人(Makatau)居住的竹林,族人称之为Takau,因其音译近似于闽南语的"打狗",于是汉人便以"打狗"称之。日据时期日本人因Takau音似高雄而改名。

高雄开港的历史可以追溯到19世纪末。从日据时代开始,高雄就是重要的工业港口以及军事要地。钢铁、石化工业的发展,让这里素有"港都"之称。

如今走到高雄港,会发现这里已经开辟成了驳二艺术特区。这也说明高雄城市职能在发生改变。20世纪中叶之后,这里逐渐成为台湾南部的经济和交通枢纽,台湾第二大国际机场便坐落于此。走在高雄街头,会有一种新旧交替之感,生活区道路并

不宽敞，并略显陈旧，但商业区则焕然一新，新光码头、光荣码头颇具现代感。驳二艺术特区里，当年的港口仓库如今成了艺术家的园地，入驻各种商铺，赋予斑驳的港口新的生机。

　　除去在城市里走一走，也可到郊野感受自然。高雄全年阳光普照，有着丰富的自然资源。走进田寮区月球路的月世界，地形崎岖的地貌景观，看去如同登上月球般荒凉贫瘠。每年冬季，台湾产的紫斑蝶聚集在高雄茂林过冬，有20万—40万只之多，它们密密麻麻地挂在树上、停在溪畔，阳光下翅膀鳞片闪耀出紫色光彩，令人目眩神迷。

　　可以说，高雄是既传统又不失现代化潮流的观光文化城市，如果从高雄出入台湾，不妨在这里略作停留，感受这座海洋城市的独特魅力。

推荐景点

- 冈山之眼
- 宝来花赏温泉公园
- 驳二艺术特区
- 西子湾
- 澄清湖风景区
- 爱河
- 盐埕埔
- 柴山
- 美浓

屏东县 Pingdongxian

　　台湾今日的屏东县与高雄市,在旧时为排湾人、马卡道人及西拉雅人之地。排湾人曾于此建立强大政权,因此部分马卡道人及西拉雅人,甚至后来的汉族闽南人和客家人会向排湾人纳贡,这些政权大多于日据时代才瓦解。

　　多元种族,加上屏东全境位于北回归线以南,除高山地区以外皆属于热带季风气候,造就一种独特的景观。可以说,一来到屏东,就是浓浓的热带风情。这里四季如春,风光明媚,椰影婆娑,充满南国风味,有"台湾南洋"之称。

　　屏东是台湾唯一同时面临太平洋、巴士海峡、台湾海峡的县市,构筑出瑰丽壮阔的山海景色。若说屏东境内如今最出名的旅游观光点,就是垦丁公园,从这里可一路到达台湾最南端的鹅銮鼻,收获左看太平洋右览台湾海峡的特殊体验。

屏东也不仅仅只有垦丁。屏东县北端的屏北地区有着丰富的山林景观,这里是台湾少数民族聚集地,呈现多样的人文之美。与在地文化相连的便是节日庆典,屏东一年四季都有不同节庆,从年初的春呐音乐祭、黑鲔鱼祭、迎王平安祭,到年底的温泉祭,令人目不暇接。

如果你是一个自然爱好者,那么屏东的冬季不该错过。这里是候鸟过冬迁徙的中转站,你将得以观察到众多野生鸟类。

如果你是一个美食家,要知道屏东可是出了名的水果之乡,走在垦丁大街的街头,相信你会有所体会,水果摊鳞次栉比,上面摆满各种佳果,有被称为"黑珍珠"的莲雾,有杧果、椰子、凤梨……这全境之南,一年四季都有不同的出产。吃饱喝足之后,别忘了再去全台四大名泉之一的四重溪温泉泡个汤。

推荐景点

- 雾台乡(雾台部落-神山部落)
- 万金圣母圣殿
- 盐埔渔港(4—5月"黑鲔鱼观光季")
- 小琉球
- 垦丁公园
- 恒春
- 海洋生物博物馆

台东县 Taidongxian

海岸线绵延176公里，面对太武山，眺望绿岛、兰屿，台东拥有丰富的生态资源。有高山，有纵谷，有溪流，有海洋，这里如同没有边界的自然教室，无论是海岸、高山、森林、溪谷，都保持着自然完整的风貌，难怪被称作"台湾的后花园"和"最后一块净土"。

台东县位于台湾本岛东南方，若论自然风光，最著名的当数花东纵谷。在中央山脉与海岸山脉的包围下，这里有着四季变幻的田野美景。冬季，这里更变身迷人花海，令人赏心悦目。

你还可以在鹿野高台搭乘飞行伞和热气球，天空、山峦与田野构成大自然的山水画，随着旅程慢慢舒卷。

美丽山海间，台东也有着最多的台湾少数民族部落，阿美人、卑南人、鲁凯人、布农人、排湾人、达悟人……多元的族群、丰富的文化、美丽的传说，为台东增添丰富的人文风貌，结合自然景观，可开启兼具人文与自然美的深度游程。

值得一提的是，台东也有着台湾知名温泉乡——知本温泉，是在日据时期就已经开发的最早的温泉旅馆。现今的知本温泉名列台湾八大名景之一，属于弱碱性碳酸氢钠泉，清澈无色，富含矿物质。周边大小观光饭店林立，体验过台东的自然人文风光后，别忘记来这里用温泉水洗去所有的疲乏。

推荐景点

- 铁花村
- 台湾史前文化博物馆
- 知本温泉
- 鹿野
- 花东纵谷
- 绿岛
- 兰屿

花莲县 Hualianxian

据说1590年,葡萄牙人航经台湾东岸的花莲,看见呈现于眼前的壮丽山川,不禁惊呼"Formosa"(葡萄牙语"美丽"的意思)。从此,花莲便在小小的台湾岛上以壮阔美景而闻名。

花莲是台湾最大的县,古称"奇莱",又因花莲溪东注于海,其水与海涛激流相汇而迂回澎湃,称为"洄澜",后人谐其音称为"花莲"。这里东临太平洋,西靠中央山脉,依山傍海的优美环境,造就无数的山水美景。

著名的太鲁阁公园里,高山峡谷耸立,经立雾溪流水雕琢,穿行其间有移步换景之妙,让人感叹大自然的神奇。

绵延狭长的海岸线则造就东部海岸风景区,出太鲁阁公园,一边是惊涛拍岸的清水断崖,一边是七星潭。坐在观海的台阶上,碧蓝海水在夕阳下潮起潮落,旁边忽有人在弹吉他,唱的什么无关紧要,但那旋律,那海的歌,像来自世外那样温和。

玉山公园、花东纵谷风景区……可以说,花莲全县几乎都位于风景区中。

除去壮阔的自然风光,花莲也有着多元的文化。这里闽南、客家、少数民族部落人口各占三分之一,其中少数民族部落有阿美人、太鲁阁人、布农人、撒奇莱雅人。

事实上，直到18世纪末清朝嘉庆年间，西部开发趋近饱和，才有第一批汉人移民迁入花莲溪口一带。由于汉人和台湾少数民族各部落的人口数量差别不大，花莲更多呈现的是融合和互助的景象。

因此，来到花莲，除去感受大山大水，也记得去感受一下在这种广阔的自然环境中生活的人民的乐观开朗品性。或许正是这种乐活的态度，让花莲一直位列全台湾"最喜欢旅游县市"的首选。

推荐景点

- 东部海岸风景区
- 太鲁阁
- 清水断崖
- 七星潭
- 各少数民族部落丰年祭（7—9月）
- 鲤鱼潭
- 瑞穗牧场
- 玉山
- 花东纵谷风景区

宜兰县 Yilanxian

神木的故乡,鲸豚的天堂。可以说,位于台湾东北角的宜兰没有都市的尘嚣,只有宁静的农庄民宿、淳朴好客的农家主人,以及郁郁葱葱的自然环境。这里是放下繁重工作,感受静谧时光的好去处。

宜兰主要是平原地貌,旧名为噶玛兰或蛤仔难,名称源自世居的台湾少数民族噶玛兰人,最早关于噶玛兰人的历史记载始于1632年。此后,宜兰先被西班牙人占领,其后汉人进入开垦,将原野与森林辟为农田,逐渐成为现在宜兰的模样。

土壤的肥沃一方面来自宜兰所处的兰阳平原,这里三面环山,东临太平洋,自古以多雨闻名,春季梅雨季节,宜兰常连下数月的细雨,因此有所谓"竹风兰雨"(台湾地方俗谚,描述新竹多风而宜兰多雨的现象)之称。

也因宜兰特殊的地形,这里像是一个世外桃源。多元的山林景致,最具特色之一便是"神木的故乡"栖兰神木园,这里有百棵超过千年的台湾原生红桧与扁柏,有意思的是,每棵巨木依其树龄对照当代历史名人命名,游览时不仅能领略大自然的魅力,也能对历史做一回顾。

而所谓"鲸豚的故乡",则是指宜兰"龟山岛"周边海底温泉终年冒烟,蹿出海面,是太平洋

罕见的奇观。此附近海域鲸豚数量十分可观,完全不同于海洋公园,这里能看到成群的海豚跃出海面翻滚,如同芭蕾舞群,优雅且壮观。

看完自然奇观之后,自然需要慰劳一下长途跋涉的劳顿。宜兰礁溪乡的平地温泉和苏澳镇的低温碳酸冷泉,颜色清澈,没有硫磺味,冷泉堪称全东南亚独有。泡完温泉,记得去罗东夜市、宜兰夜市逛逛,台湾包罗万象的人气小吃,像卤味、包心粉圆、蚵仔煎、当归羊肉汤等在这里应有尽有。

虽说位于东北一隅,但宜兰在日据时代即已完成宜兰线铁路,往来台北交通十分便利。2006年之后,宜兰县至台北市的交通时间缩短至1小时内。所以,来宜兰放松身心,其实一天之内就可以办到。

推荐景点

- 龟山岛
- 栖兰森林游乐区
- 明池森林游乐区
- 太平山森林游乐区
- 大里
- 南方澳
- 北关海潮公园
- 礁溪温泉
- 苏澳冷泉
- 鸠之泽温泉
- 宜兰海岸风景区

澎湖县

16世纪时葡萄牙人来到此地,发现澎湖海域鱼产丰富,且岛上住着许多渔民,因此称澎湖为"渔翁岛(Pescadores)"。

的确,澎湖群岛多渔港,夜间万点渔火忽明忽灭,倒映在水中与星光相互辉映,十分炫目。于是,1953年台湾当局将"澎湖渔火"选定为台湾八景之一。与此同时,岛上遍布的玄武岩地质景观,也令中外地质学者为之惊叹,赞誉为"上帝的石雕公园"。

澎湖群岛亦称澎湖列岛,东距台湾本岛约50公里,由90个大小岛屿组成,总面积约为128平方公里。澎湖古名"岛夷""方壶""西瀛""亶州""平湖",在4500年前就有人居住。约在唐朝中期以后,汉族开始长期定居澎湖,多半从事渔业活动。

《外婆的澎湖湾》里描绘过澎湖:"阳光、沙滩、海浪、仙人掌……"这个略令人惊讶的"仙人掌"可谓澎湖一大特色。有别于树木茂盛的台湾本岛,澎湖虽为海岛,降雨量却远远小于台湾本岛,且降雨季节分布不均,土壤盐分也偏高,于是植物多为矮草和灌

木,仙人掌就成了这里的特色。

除此之外,来到澎湖,重要的是感受海洋的馈赠。澎湖由大小不同的90个岛屿组成。走出澎湖县主要城市马公,眼前是蓝天碧海的沙滩、平静如湖的海面……

在山水沙滩,可感受澎湖最美的海岸。而在奎壁山分海,每当退潮,你会看到如《圣经》中摩西出埃及的分海奇迹。跟船出海,钓小管,吃海胆……来到澎湖,适合与海洋做亲密接触。

澎湖也有着诸多人文古迹,世代居住在这里的人们以打鱼为生,靠天吃饭的生活方式令他们有着坚定的信仰。澎湖庙宇密度是全台之冠,最大城市马公市平均每平方公里约有27座寺庙,而台北市平均每平方公里仅约有1座。遗世独立的环境也保留了诸多古厝聚落,来到澎湖,不妨暂时做个遗世独立的游客,探寻90座岛屿上累积着的历史人文,欣赏壮丽的海洋景色,春夏领略花火节的火树银花,秋冬则品尝海洋的顶级美味。再加上碧海蓝天与白沙沙滩,各式各样的沙滩水上游乐项目,一定令你流连忘返。

推荐景点

马公市
中央老街
澎湖天后宫
渔人码头
笃行十村文化园区
隘门沙滩
大果叶柱状玄武岩
林投公园

白沙岛
跨海大桥（连接白沙岛与西屿岛）
通梁古榕

西屿（渔翁岛）
二崁传统聚落
西屿西台

吉贝岛
沙尾沙滩

望安
网垵口沙滩
花宅

七美
双心石沪
月鲤港

番外·旅本产品说明书

【品牌名称】番外（FARWHERE）
【产品名称】番外·旅本 & 番外旅行笔记本
【英文名称】FARWHERE TRAVELER'S NOTEBOOKS
【产品规格】115MM ×220MM × 1.8MM
　　　　　　115MM ×145MM × 1.8MM
　　　　　　165MM ×220MM × 1.8MM

▶ 产品特点

◇一本改变你旅行方式的创意图书
每本图书都由一个或几个热爱雕刻时光、喜欢在路上边写边绘、推崇价值旅游的资深行者撰写，以绘本的形式呈现，充满了手工的温度和发现的热情。以此为范，愿你的旅行从此也爱上涂涂写写，用纸和笔替代相机和手机，愿你的旅行目光更多惊喜，脚步更加走心，时光愈加纯粹……愿你与路过的世界温情相拥！

◇一册可以反复使用传承一生的笔记本
每本旅本都附带环保内芯笔记本，本子用完即可替换，非常方便。当你开始涂鸦或记录时，这本图书就变成了你的私房旅行书，长此以往，将搭建一座只属于你的旅行博物馆。小册子也可用于记录日常生活，成为你的工作笔记本、生活笔记本、爱情笔记本……时光因雕刻而美丽，岁月因记录而传承，愿这些笔记本成为你一生的时光刻录机和月光宝盒。

◇一个功能全逼格高的多功能钱包、斜挎包
当你将手机绑在牛皮绳中，将信用卡、护照、零钱置于旅本附带的收纳夹中，图书和笔记本就变成了钱包、斜挎包、旅行包，而旅本那张进口牛皮面封更让你逼格朴素而高大。在街角的咖啡桌前，你的形象瞬间从被奢侈品装饰的游客升级为装备专业的路上战士。

▶ 适用对象

◇依据某知名网站指示找到那家挤满人的餐厅时，后悔没做私房旅行攻略
◇旅途中经常丢票丢钱，找不着手机和钱包
◇追求各种猛萌哒的旅行体验和萌萌哒的旅途故事
◇爱看绘本，喜欢涂鸦
◇手工中毒者，有2种以上很作的手工爱好
◇有一个写旅游书的梦想，就是旅行回来半天也憋不出几个字
◇只要做好死磕旅行的心理准备，生理年龄不限

▶ 适用环境

◇世界各地，天气不限
◇特别适合雨天、夕阳中、咖啡馆遮阳伞下

▶ 注意事项

◇写上电话号码，和"归还重酬"
◇护照复印件请藏袜子里，别放在票据夹内
◇笔记本内勿放大量现金，忌炫富
◇喜欢把本插屁兜的，小心扒手
◇忌长时间暴晒，忌泡水
◇忌一年只换一本内芯

▶ 特别说明

◇购买番外旅本，可免费以旧换新其他系列图书一次
◇番外旅行笔记本与番外签字笔、彩色纤维笔一齐使用，
　效果更佳，旅程更美

▶ 番外的窝

更多交换，更多分享，更多惊喜，欢迎扫码

番外旅本
FAR WHERE

FARWHERE 番外
雕刻旅行时光
空 白 手 绘 笔 记 本